プロジェクトは なぜ失敗するのか

知っておきたいITプロジェクト成功の鍵

伊藤健太郎

How Projects Fail
Kentaro Ito

日経BP社

まえがき

　失敗したプロジェクトの本当の理由は何でしょうか。
　「なぜって？　それは・・・・だよ」という声が聞こえてきそうです。
　筆者の知っている限り、問題が起こったプロジェクトや失敗したプロジェクトについて、当事者やトップの方に話をうかがうと、計画が不十分だった、リスク検討が不足だった、プロジェクトマネジャーが適任ではなかった、顧客が仕様を変更しすぎた、コミュニケーションがうまくできていなかった、など皆さん理由は必ず話してくださいます。しかし、それで失敗がなくなるわけではありません。
　どうして失敗はなくならないのでしょうか。
　なぜプロジェクトは失敗するのでしょうか。
　そして、私たちは何をしたらよいのでしょうか。
　この本では、これらのことを原点から考えていき、プロジェクトの成功のためにどのように考え、どのように行動したらよいのかを検討していきます。
　現在の筆者の知識・体験をもとに、皆さんとともに考えながら先に進んでいきたいと思います。この本を読み終えたときに、具体的に何をしたらよいのか、その第一歩を皆さんがイメージできること――それがこの本の目的であり、筆者の願いでもあります。

　さて、働きアリと聞くと全て働いているように感じますが、実際には何％が仕事をしているのかご存知でしょうか。実験によると仕事を

しているのはせいぜい全体の20％で、80％は働いていないそうです。また、その働く20％だけを一箇所に集めたところ、やはり仕事をしたのは20％で、残りの80％は仕事をしなくなるとのことです。もしかしたら何か問題が起こったとき、すなわちリスクが発生したときの予備のために、残りの80％がいるのかもしれません。自然界におけるこの80対20の法則は、「利益の80％は20％の労力から生み出される」という経済学のパレートの法則と不思議と符合しています（リチャード・コッチ著、「人生を変える80対20の法則」、TBSブリタニカ）。

　いくらこうした自然の摂理があるといっても、人間界では「何かあったときの予備」という考えは許されません。たとえば大規模プロジェクトの失敗は、無駄なリソースの浪費を意味します。公的資金を投入したリゾートの建設の場合、実際に利用されているのは全体の20％であり、当初予定した新規雇用も計画の20％にしか達していないとのことですが、投入した資金の80％は無駄になったといえます。

　多額の投資をしたプロジェクトが完成せずに、失敗することがあれば、受注側や顧客側だけではなく、社会的にも大きな損失です。直接のコストだけではなく、プロジェクトに関係した人材の時間やエネルギーの無駄使いになったからです。

　誰も望んでいないことなのに、どうしてプロジェクトは失敗するのでしょうか。

　2003年発行の、米国のITプロジェクトに関する調査報告書（The Standish Group, "CHAOS Chronicles v3.0"、米国内で実施された40000以上のITプロジェクトの調査結果）によれば、2002年に米国で実施されたプロジェクトのうち、成功したといえるITプロジェクトは全体のわずか34％にしかすぎません。そして、51％は品質、納期、コストのいずれかを満足させることができなかった失敗プロジェクト

で、15%はプロジェクトが途中で中止されている、と報告されています。

またこの報告書では、調査結果をもとに浪費された金額も計算しています。米国で約2550億ドル（1ドル＝120円で30兆円）以上がITアプリケーションプロジェクトに投資され、約550億ドル（6.6兆円）がプロジェクトとしての無駄な投資、プロジェクトが完了してもユーザーの利用しないシステムが約750億ドル（9兆円）に達すると述べています。すなわち、全体のプロジェクトの52％に相当する約16兆円が無駄な投資であったというのです。

この数字でさえ、調査を開始した1994年時点と比べれば、かなり改善されたものといえます。プロジェクトマネジメントが今ほど普及していない1994年では、85％が無駄な投資と報告されていました。日本でこうした調査を実施したらどんな数字が出るかはよくわかりませんが、プロジェクトマネジメントが米国ほど普及していない現状で、米国より良い値が期待できるとは思えません。

大規模プロジェクトでの失敗は、企業にとって利益の減少だけでなく、社会的な信頼や顧客の信頼の喪失という意味でも大きな痛手になります。これらは金銭に換算して評価することが困難ですが、企業の存続にかかわる大きな要因です。

ただ、「今度のプロジェクトが成功してくれますように」といくらお祈りをしても、プロジェクトが成功するものではありません。

では、どうしたらいいのでしょうか。

本書では「そもそもなぜプロジェクトは失敗するのか」という疑問を糸口として、どのように考え、行動したらプロジェクトを成功に近づけることができるのかを、IT分野を舞台にして、いろいろな視点で検討していきたいと思います。

第1章ではまず、プロジェクトの成功や失敗とは何かという根源的

な問題について検討していきます。考え方のパラダイム転換が必要になるかもしれません。続く第2章では、失敗したITプロジェクトのケーススタディをもとに、どうすればよかったのかを考察します。第3章では、プロジェクトがどうして失敗するか、そのパターンを列挙し、どうすればより成功に近づけるかを説明します。第4章では、第3章までの議論をベースに、プロジェクトの成功確率を上げる方法について考えます。プロジェクトマネジャーの育成方法、会社組織として必要な取り組み、社風なども検討していきます

第5章では、プロジェクトマネジメントの企業への導入について、いくつかの企業の実例を紹介しながら考えていきます。そして最終章の第6章は、プロジェクトマネジャーの仕事という観点で、何をどう考え、どう行動したらよいのかを、心の持ち方とスキルの両面から説明します。

では、一緒にプロジェクトの成功を探す旅に出発しましょう。

目次

まえがき …………………………………………………………1

第1章　プロジェクトの成功と失敗とは何か

視点を変えると行動が変わる …………………………………14
プロジェクトは本来、失敗するものである …………………15
プロジェクトの特徴は「有期性」と「独自性」………………16
「規模の大きいもの＝プロジェクト」ではない ………………17
プロジェクトには複雑性とリスクがついて回る ……………18
ITは他の分野に比べて不確実性が大きい ……………………20
「普通」という評価も「絶対」という条件もない ……………20
行動することで将来の主導権を握る …………………………21
プロジェクトの成功とは何か、普段はあまり考えない ……22
失敗要素をすべてクリアできなくても、失敗とは限らない ……24
トレードオフ状況での意思決定 ………………………………25
意思決定は手順を踏んで行う …………………………………26
解答を出すには、目的の明確化と成功の定義が必要 ………28
会社におけるプロジェクトの成功とは何か …………………29
忘れてならない、顧客にとってのプロジェクトの成功 ……30
プロジェクトマネジメントは変更をコントロールできる …31
まとめ――プロジェクトの真の成功に向けて ………………32

第2章　プロジェクトの失敗は防げるのか

- あるITプロジェクト失敗物語 …………………………………36
- 目的を文書化せず、悪い情報は隠そうとする …………………42
- どんな背景があるか確認していない ……………………………43
- 優先順位の取り違え ………………………………………………45
- 要件定義に非協力的な顧客 ………………………………………46
- 裏目に出た外注によるコスト削減 ………………………………47
- プロジェクトの失敗を繰り返さないために ……………………48

第3章　プロジェクトはなぜ失敗するのか

- 地雷原を切り抜けるために、失敗の経験から学ぶ ……………51
- 非現実的な納期の要求 ……………………………………………52
- 顧客とのコミュニケーション不足 ………………………………54
- トップの関与不足 …………………………………………………57
- プロジェクトを「KKD」で実施する ……………………………59
- プロジェクトマネジメントプロセスを考えない ………………62
- プロジェクトの成功の定義がメンバーに伝わっていない ……64
- 作成したプロジェクトプランを見直さない ……………………67
- リスクマネジメントに興味のないプロジェクトマネジャー …69
- 部門横断でのプロジェクト経験がないマネジャー ……………72
- 見積もりのミス ……………………………………………………74
- プロジェクトを実施する会社間でプロジェクト遂行方法が異なる …77
- なし崩し的に広がっていくスコープ ……………………………80

第4章　プロジェクトの成功確率を上げるには

- 「役立つ」からプロジェクトマネジメントを導入する …………… 84
- プロジェクトマネジメントとは何か ………………………………… 85
- 本来「利用するのが楽しい」もの …………………………………… 86
- 伝統的プロジェクトマネジメントとモダンプロジェクトマネジメント …… 87
- プロジェクトサイズと成功確率 ……………………………………… 88
- プロジェクトをサイズと不確実性で検討 …………………………… 90
- 競争力のあるプロジェクトマネジメントの導入 …………………… 93
- 全社的に利用しようとする文化が必要 ……………………………… 94
- ボトムアップではなぜダメなのか …………………………………… 95
- トップダウンは会社の意思表示 ……………………………………… 96
- プロジェクトマネジメントの戦略的進化 …………………………… 97
- PMMM（プロジェクトマネジメント成熟度モデル）とは何か …… 98
- 進化がなければ競争的優位性を保てない …………………………… 100
- まずは基本的な原理原則と用語を社内で共有する ………………… 100
- PMBOKを学びPMPに挑戦しよう …………………………………… 102
- プロジェクトマネジメントの標準化 ………………………………… 102
- リスクマネジメントの基本的プロセス ……………………………… 104
- 入試で体験しているリスクマネジメント …………………………… 106
- リスクマネジメントでのコストは保険と考える …………………… 109
- 利用目的を選んでプロジェクト管理ツールを活用する …………… 111
- 歴史的に進化してきたPMO ………………………………………… 115
- 成功確率を向上するため会社がサポートする ……………………… 118
- 経験・教訓を守る、利用する ………………………………………… 119

悩めるプロジェクトマネジャーに助言を与える ……………………120
忙しいときや困ったときに手を差し伸べる ……………………121
PMO導入のためのステップ ……………………122
人材への投資が成功確率向上の鍵 ……………………123
ターザンを育成することはできない ……………………124
投資効果を向上させる3つの要素 ……………………125
プロジェクトマネジャー以外もトレーニング対象 ……………………126
カリキュラム計画は横の広がりと選抜的な縦の組み合わせ ……127
計画での注意点——現在と将来の両方の視点 ……………………128
モチベーション向上のため第3のキャリアパスを ……………………129
 column ステークホルダーとは ……………………101
 column WBSとは ……………………113

第5章　プロジェクトマネジメントを企業に導入する

企業が利益を増やすには何が必要か ……………………131
ソリューションビジネスでの顧客満足度 ……………………132
プロジェクトマネジメント＝顧客の要求に柔軟に対処 ……………………133
提案型受注の時代にはチームを統括する専門家が必要 ……………………134
進化のためにナレッジマネジメントとの統合が必要 ……………………136
プロジェクト管理ツールの普及が加速 ……………………138
山武
 ——事業環境の変化に対応すべくプロジェクトマネジメントを導入…140
新しいプロジェクトマネジメント意識が定着 ……………………143

日立製作所 情報・通信グループ
　——PMO設立の契機はトラブルプロジェクト対策 ………… 144
富士通
　——分散していた機能を一体化してPMOを組織化 ………… 146
日立ソフトウェアエンジニアリング
　——スキル向上のための教育制度と職種認定制度を導入 …… 147
日本アイ・ビー・エム
　——PMの専門職キャリアパスを明確化 …………………… 149
日立システムアンドサービス
　——経験をトップダウンで組織に残す ……………………… 151
考察——進化するために組織として行動する ………………… 153

第6章　プロジェクトマネジャーの仕事

プロジェクトマネジャーになるとは ………………………… 158
理想的な環境でなくても ……………………………………… 159
プロジェクトは狩猟型業務 …………………………………… 160
「プロフェッショナル」の条件 ……………………………… 162
成功への意思がある人は、不利な状況をプラスに考える …… 164
過去から学ぶプロフェッショナルは、不測の事態にも対応できる … 166
その時点にさかのぼって「自分ならどうする」と考える …… 169
最も重要なコミュニケーションスキル ……………………… 170
コミュニケーションの中心だと自覚して計画を立てる ……… 171
顧客にとっては最重要な窓口 ………………………………… 174

スポンサーには定期的な報告を ……………………………175
なぜラインマネジャーとのコミュニケーションをとるのか ……176
ネゴシエーション力を鍛える ……………………………177
ヒューマンスキルがチームのパフォーマンスを高める ………178
チームビルディングの本当の意味 ………………………180
顧客にスコープ管理の重要性を理解してもらう ……………184
変更をマネジメントするため、手順をしっかり定義する ……186
リーダーシップの基本的な理論を学ぶ …………………188
「小さな勝利」を演出する …………………………………190
ステークホルダーマネジメントを実施する ………………192
「戦略的」なプロジェクトプランを立てる …………………194
許容できるリスクを見極める ……………………………195
会社と顧客の2つの視点で確認する ……………………197
必要なプロジェクト組織を柔軟に作り出す ………………199
グローバルチームを作る …………………………………201
プロフェッショナルとしての資格や知識 …………………202
自分を高める ………………………………………………203
結び――プロジェクトを成功させたい全ての人のために ………204
　column　自分から仕掛けて検討会を実施する ……………161
　column　大規模プロジェクトほど意思決定できる能力が重要に ……179
　column　ビジネススキルの必要性 ……………………185

謝辞 …………………………………………………………206
参考文献 ……………………………………………………207
索引 …………………………………………………………208

プロジェクトは
なぜ失敗するのか

知っておきたいITプロジェクト成功の鍵

第1章
プロジェクトの成功と失敗とは何か
──視点を変えて考えてみる

　プロジェクトは成功して当然でしょうか。

　失敗するのは、担当者が何かへまをしたからでしょうか。

　私たちは無意識のうちにプロジェクトは成功するという基準で考えてしまいがちです。特に、過去に成功したプロジェクトの経験を持っている経営層は、自らの成功体験をベースに考えることが少なくありません。

　プロジェクトが失敗すると、プロジェクトマネジャーの能力に問題があるとか、プロジェクトチームのスキルが不足していたなど、失敗の原因を考えます。そして、プロジェクトマネジャーを変えたり、メンバーの構成を変えたりといった対策を講じます。

　しかし、次のプロジェクトでも失敗を繰り返します。今度は外注業者が約束を守らなかったからだと理由づけるかもしれません。そして、外注業者に対する管理マニュアルを作成します。しかし、次には他の

理由で失敗します。そして、別の理由を探します。

このような場当たり的な対応を繰り返していても、なかなか効果は現れません。そしてついには、プロジェクトなど実施しなければ失敗しないから赤字にもならない、その方がよいのではないか、などという極端な考えに陥るかもしれません。

視点を変えると行動が変わる

ここで180度、視点を変えてみましょう。

すなわち、成功を基準にするのではなく、「失敗を基準にプロジェクトを考える」視点です。しかし、失敗を基準にするのと成功を基準にするのでは、具体的に何が違うのでしょうか。

視点を変えることは、行動を変えることにつながります。

私たちの社会や生活で、視点を変えることにより、考え方、行動がどう変わるか、2つの例を取り上げて眺めてみましょう。

例 1　平和と戦争について

戦争は本来起こらないものであるという視点に立つと、戦争は例外的な出来事であり、通常は平和であるのが当たり前だと考えることになります。平和な期間は、その平和を目一杯享受するでしょう。

一方、世の中で戦争は必ずなくならないものであるという視点に立てば、「平和は戦争と戦争の間のことだ」と風刺した米国人の作家のアンブローズ・ビアスのように考えることもできるでしょう。そして、平和な期間も次の戦争に備えた行動をとります。

例 2　車の事故

交通事故を起こしてはならない、という発想の場合、自動車教習所

> での試験を難しくしようとか運転者のモラルを上げるようにしようという、問題の発生を未然に防ぐ対策が主体になります。
>
> 　逆に、事故はなくならないという前提に立つと、事故が発生したときの被害を減少させるために、エアバッグを装備したり車両を丈夫にしたりする、事故が発生した時の影響度を減少させるような対応に注力することになります。
>
> 　どちらも重要でしょうが、何を基準にするのかで事故対策は変わってきます。

　考え方の違いは、このように行動の違いになって現れます。

　そして、プロジェクトが成功して当然だと考えるのと、失敗するものであると考えるのでも、プロジェクト実施中の行動が大きく違ってきます。

プロジェクトは本来、失敗するものである

　プロジェクトの失敗を前提に考えると、行動はどう変化するでしょうか。事前の対策にエネルギーを多く費やすことになります。これは、失敗する確率、または失敗による影響度を減らすことにつながります。

　逆に、プロジェクトは成功して当然であると考えると、事前の対策より、失敗した後の担当者への責任追及などの事後対応が中心になります。

　さて、筆者は次のように考えています。

> プロジェクトは本来、
> 何もコントロールしないと失敗するものである。
> そう考えることで、プロジェクトの成功確率は上がる。

では、そもそもなぜプロジェクトは本来、失敗するといえるのでしょうか。

この点をプロジェクトの持っている特徴から考えてみることにしましょう。

プロジェクトの特徴は「有期性」と「独自性」

私たちは「プロジェクト」という言葉の意味を深く考えずに、日常的に使っていますが、実はプロジェクトには次の2つの特徴があります。

- ▶ 有期性
- ▶ 独自性

この2つの条件を満たさないものは、プロジェクトとは呼びません。

「有期性」とは、プロジェクトは終わりなき業務でなく、期間が決まっていて、始まりと終わりが明確に定義できる活動だということです。すなわち、プロジェクトは成果物（プロジェクト活動で作り出されるもの）を生み出し、終わるための活動なのです**(図1-1)**。

また「独自性」とは、プロジェクトを遂行する組織にとって今まで実施したことがない要素が含まれていることです。この独自性が意味しているのは、世界で初めてであるというような大げさなものではなく、以前と全く同一の仕事でない要素が含まれている、ということです。全く同一の仕事を繰り返すことはルーチンワークと呼び、プロジェクトとは区別します。

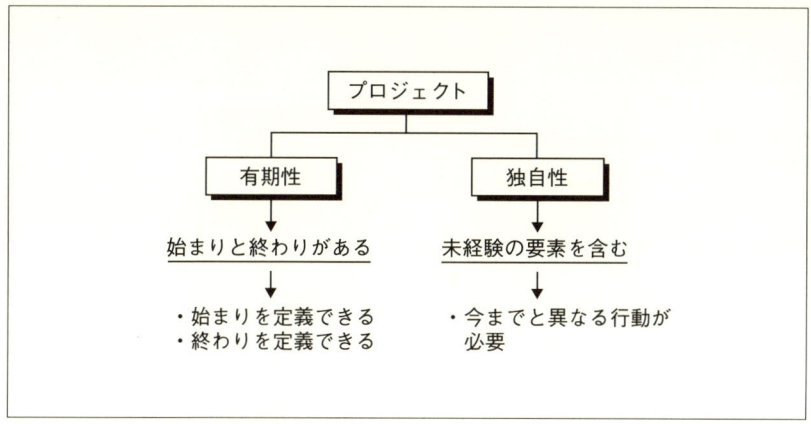

図1-1　プロジェクトの特徴

「規模の大きいもの＝プロジェクト」ではない

　これらの特徴に照らし合わせると、ほとんど全ての仕事はプロジェクトだといえます。規模の大きさにも関係ありません。期間が3日間でも10年でも、有期性と独自性があればプロジェクトと呼べます。新商品開発、プロジェクトマネジャー育成計画作成、工場建設、新企画立案、社内での期間を決めた業務改善、システム開発など、多くのプロジェクトが私たちの周りにあります。3日間の展示会でも立派なプロジェクトといえます。

　特に、顧客の要求に基づいて行うITの開発などは規模の大きさに関係なく、全てプロジェクトです。たとえ過去と同様のシステム構築の場合でも、客先が異なると仕様も異なりますので、プロジェクトといえます。

　このように、プロジェクトでは過去に組織が経験していないことや、プロジェクトを開始する時点では明確にできないことが数多く存在します。ルーチンワークのように全く同じ作業の繰り返しではないから

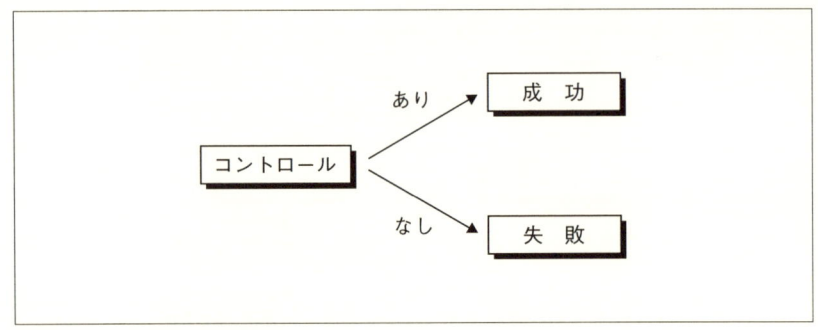

図1-2　コントロールの有無

です。

　プロジェクトマネジャーやプロジェクトチームはプロジェクトの進行に合わせて、これらの不明確な事項を明確にして適切な判断を下し、未知の要素に対処していかなければなりません。過去と全く同じプロジェクトは存在しないのです。

　このように、過去に経験していない要素が、プロジェクトを遂行する上では必ず含まれるのです。したがって、次のことがいえるのです(図1-2)。

> 何らかの適切なコントロールや行動をとらないかぎり、
> プロジェクトは失敗する。

　ここまで、いろいろなプロジェクトをひとくくりに論じてきましたが、話はそう単純ではありません。もう少し詳しく見てみましょう。

プロジェクトには複雑性とリスクがついて回る

　プロジェクトには、「複雑性」と「リスク」という要因がからみ合ってきます(図1-3)。

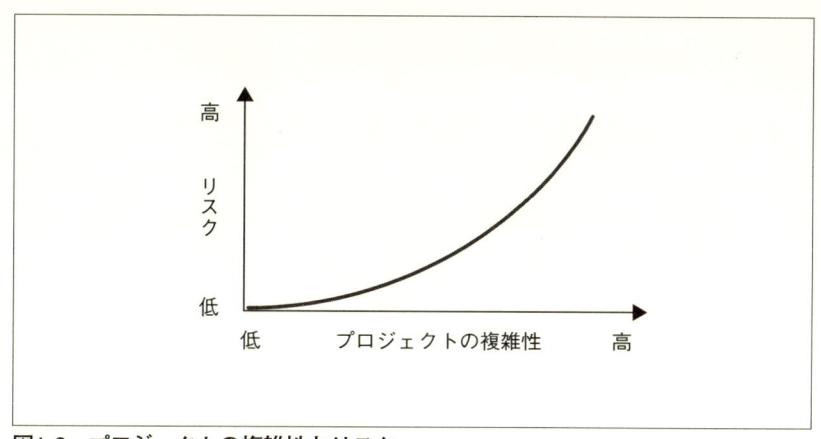

図1-3　プロジェクトの複雑性とリスク

　先に述べたように、プロジェクトの定義上、仕事で実施するものはほとんどプロジェクトといえます。しかし、プロジェクトとひと言でいっても、プロジェクトの規模や複雑性は様々です。そして、過去に実施したものと90％以上が同じであるプロジェクトと、逆に90％以上初めての要素が含まれるプロジェクトでは当然、プロジェクトを実施していく上でのリスクは異なります。

　過去に十分社内に経験がある場合でも、顧客が変わるとリスクは変わります。例えば、実施するプロジェクトの内容について、顧客サイドが十分知識を持っている場合とそうでない場合では、いくら自分たちに経験があってもリスクの大きさは異なります。つまり、遂行企業や顧客に未経験部分が多いと、それだけプロジェクトが成功できる確率が低くなるのです。

　関係するステークホルダー（利害関係者：プロジェクト遂行で良い意味でも悪い意味でも影響を受ける組織や個人を指す）の違いによっても、プロジェクトのリスクは変わります。

ITは他の分野に比べて不確実性が大きい

　また、新商品開発やITのシステム開発のような仕事は、ビルの建設などと比べて不確実性が高い分野のプロジェクトです。ITでのシステム構築やソフト開発の仕事では、初期の段階で仕様の詳細が明確であることは少なく、プロジェクトの進行にしたがって明確になることがほとんどです。

　不確実性が高い――それは予期しないことが起きる確率が高いことを意味します。プロジェクトが成功する確率はその分、低いと言えます。

「普通」という評価も「絶対」という条件もない

　プロジェクトについての話では、最終的に成功であったか失敗であったかが、まず話題になるようです。NHKの人気番組「プロジェクトX」は、プロジェクトの成功例を紹介するものと認識されていますし、社内では今度の○○システム開発プロジェクトは成功だったとか、あのシステムプロジェクトは失敗だったなどといった判断がなされます。

　学校の成績表のような、3段階評価（良い、普通、悪い）の中間の「普通」という評価は、プロジェクトではないのではないでしょうか。筆者の知る限り、ほとんど全てのプロジェクトは成功か失敗かのどちらかに分類されています。

　ただ、はっきり言えるのは、プロジェクトを開始する前から「絶対」成功するとか「絶対」失敗するなどとは決まっていないということです。

　実は筆者は「絶対」という言葉をめったに使いません。「この本を借りるけど、絶対明日返すから」とか「絶対試験に合格する」などと言

っても、何も結果を保証するものではありません。単なる気分の表れか意思表示でしかないからです。

プロジェクトでも、「絶対」成功するなどということはありえません。逆に、「絶対」に失敗するというものでもないのです。

行動することで将来の主導権を握る

プロジェクトが終了した時点で、成功と失敗、天国と地獄に分かれるという現実があります。そして、それを決めるのは、プロジェクトの遂行で何をしたのか、何をしなかったのかという選択です。プロジェクトが開始してから終了するまでの間で、いかに行動するかが、成功と失敗の分岐点になるのです。あいにく私たちは魔法の水晶玉を持ち合わせていません。将来起こることを正確に予測はできません。

しかし、行動することによって、将来に対しての主導権を握ることはできます。

成功するか失敗するかを心配したり、予想したりすることは結構ですが、それだけでは単なる空想に過ぎません。難しいシステム構築など不確実性が高いプロジェクトは、どのように行動するかで結果が大きく変わるものです。結果は今後の行動でいかようにも変化します。プロジェクトでは行動が全てです。あれこれ心配することで立ち止まることはできません。心配を次の行動へのエネルギーに変えるしかありません。

私事ですが、筆者が社会人になって間もないころに叔父の所に遊びに行った時、次のように聞かれたのを覚えています。「健ちゃんは、会社で嫌なことがあったらどうする？」叔父は会社での人間関係などで嫌なことがあると、自宅でそのイライラのエネルギーを、労務の勉強に振り向けていたそうです。そして、後日その勉強が、会社でとて

も役立つことになったと話してくれました。

　さて、ここまで「成功」とか「失敗」とかの言葉をあまり意識しないで使用してきました。しかし、何をもって成功というのか、逆に何をもって失敗というのかは、必ずしも明確ではありません。ここで、プロジェクトの成功、失敗とはどのようなことかという原理的な疑問を、皆さんと一緒に考えてみることにしましょう。

■プロジェクトの成功とは何か、普段はあまり考えない

　プロジェクトマネジメントの研修中に、筆者が受講生に「プロジェクトの成功とは何だと思いますか」と聞くと、一番多いのは次のような答えです。

▶プロジェクトの目標を達成した
▶予算内で終了した
▶スケジュールの遅延がなかった
▶品質が満足できるものだった

次のような答えを返す受講生もいます。

▶顧客が満足した
▶プロジェクトメンバーが喜んだ
▶会社にノウハウがたまった。
▶次の仕事につながる評価を得た

　回答の理由を聞くと、「トップは利益率を一番気にしているので、コスト（予算）を挙げました」「品質が悪ければ元も子もないのでやは

り品質でしょう」「いつもスケジュールを守るように言われてきたので、どうしてもスケジュールだと感じてしまいます」など、あまり明確ではありません。こうした疑問を普段は意識したことがない、というのがどうやら本音のようです。

皆さんはいかがでしょう。次の質問にどう答えるか考えてみてください。

「プロジェクトの成功とは何ですか？」

現在担当している、またはむかし経験したプロジェクトでの成功とはどのような状態であるのか、明確に言葉にすることができるでしょうか。もし明確に言えれば、それは成功をイメージできることも意味しています。

逆に、成功がどのような状態であるのか明確でない場合、プロジェクトを成功させることは可能でしょうか。そもそも、プロジェクトの成功が何であるのかプロジェクトマネジャーが説明できないで、メンバーをプロジェクトの成功に向かって正しく導くことができるのでしょうか。できそうもないように思えます。しかし現実には、成功のイメージを正しく胸に刻んで仕事を進めているプロジェクトマネジャーは、かならずしも多くありません。

では、次の質問はいかがでしょうか。この問いにも、皆さんの経験で答えてみてください。

「そもそもこの成功を定義するのは一体誰ですか？」

後で詳しく述べますが、成功の定義はプロジェクトマネジャーが独断で決めるものではありません。顧客や会社組織なども関係します。

失敗要素をすべてクリアできなくても、失敗とは限らない

では、反対にプロジェクトの失敗とは何でしょうか。この質問への答えは、おおむね次の4つに集約されます。

- ▶納期に間に合わなかった
- ▶コストが予算をオーバーした
- ▶品質で問題がある
- ▶お客さんに満足してもらえなかった

一般に失敗は、成功よりも意識される範囲が狭い傾向があります。失敗がプロジェクトでのコスト、品質、納期を達成できないことを意味するのは一般的ですが、顧客が満足してくれなかったという点が加わる場合も多々あります。

コスト、品質、納期、顧客満足の全ての要素を満足させるのは、実は容易ではありません。プロジェクトの技術レベルが以前のものより高い場合であるとか、顧客が異なるとか、実施するプロジェクトに関して顧客が経験を持ち合わせていないような状況では、とくにそれがいえます。

失敗の4つの要素をすべてクリアできなかった場合に、プロジェクトが失敗と判断されるかといえば、そうではありません。後で述べるように、成功／失敗の定義はそれを考える視点によって変わってくるからです。

トレードオフ状況での意思決定

ここで、次のような状況を考えてください。皆さんがプロジェクトマネジャーだったらどのように対応するでしょうか。

> 上司からは「5000万円の予算は守るように、また、顧客の満足も大事である」と言われている。しかし、顧客の満足を高めようとすると、どうしてもコストがオーバーしてしまう。

プロジェクトマネジャーは、実際のプロジェクトの遂行において上記のような状況に遭遇することがよくあります。これは、トレードオフ（一方を良くしようとすると片方を犠牲にしなければならないような関係）の状況で、どのように考えて対応したらよいのかという、意思決定に関する問題です。

まず、2人の異なるプロジェクトマネジャーの意見を聞いてみましょう。

プロジェクトマネジャーCさん

> 会社の利益を守らなければ顧客の満足を達成したとしても、元も子もないではないか。何のためにプロジェクトを実施しているのかわからない。当然、予算内で実施できることを最優先させるべきだ。契約の内容を実現できるのであれば、それ以上をする必要はないだろう。もしやるのであれば、当然顧客から追加コストをもらうべきだ。

プロジェクトマネジャーSさん

> 予算は超えても、顧客の満足が得られないなら今回のプロジェクトはやる意味がないではないか。今回、顧客の満足が得られれば、次の

> プロジェクトの受注につながる確率が高くなると思う。顧客が追加予算を出せないとわかっていても、なんとか対応するほうが長期的には顧客満足度が高くなり、よいのではないだろうか。

皆さんはどのよう考えたでしょうか。この問題は、プロジェクトマネジャーが決める問題ではないと思ったかもしれません。

この種のトレードオフに関する問題は、顧客の満足による会社の利益などを考慮して、最終的な判断はプロジェクトマネジャーより上位のマネジャー、例えば部長や役員などが下すことになるでしょう。ただ、プロジェクトマネジャーは、この問題の対応案を検討する必要があります。状況によっては、判断する権限が与えられる場合もあります。

意思決定は手順を踏んで行う

具体的にどうやって判断すればよいのかを検討してみましょう。一般に、デシジョンメーキング（意思決定）する方法は次のような手順になります(図1-4)。

> 1. プロジェクトの目的達成のための手段を検討する
> 2. それらをコストとベネフィット（もたらされる価値）の点から比較する
> 3. リスクを検討する
> 4. 会社の許容度を考慮し、行動を決定する

今回の場合にあてはめて考えてみます。

顧客の満足を得るための対応策を3通りと仮定して、A1、A2、A3

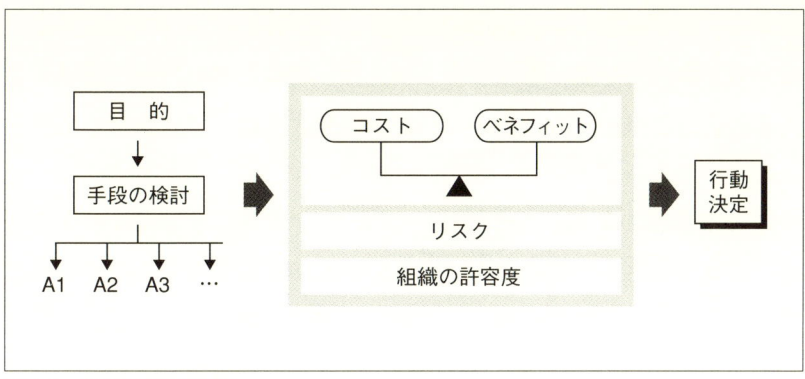

図1-4 意思決定の手順

として考えてみます。また、A1を実施することでもたらされる効果・価値をB1とします。同様にA2ではB2、A3ではB3とします。そして、数値にして比較検討します。また、各対応策のコストをC1、C2、C3とします。

例えば、50万円（=C1）のコストを使うことによる効果（顧客の満足度）は70％（=B1）、100万円（=C2）での効果は80％（=B2）、300万円（=C3）では100％（=B3）になると仮定します**(表1-1)**。また、何も対応しない場合は、60％とします。そして、投入するコストと効果の結果を比較するのです。その上で、最終的な意思決定を行うことになります。

表1-1 投入コストと顧客満足度の比較

対応策	何もしない	A1	A2	A3
効果（顧客満足度）	60％	70％	80％	100％
コスト（万円）	0	50	100	300

この意思決定で最善の選択をするには、「プロジェクトの最終的な目的が何であるか」を明確にプロジェクト関係者が理解しておく必要

があります。顧客との関係や契約内容、会社としてのコスト許容度の点から、検討が必要になります。例えば、顧客との取引が一度限りである場合と将来的にも仕事の関係がある場合では、意思決定で考慮する内容が変わります。

このように、いろいろなトレードオフの中で最適な判断を行うには、プロジェクトの成功が何であるのかを明確にし、関係者でその認識を共有しておくことが非常に大切なのです。そうでないと、正しく判断できませんし、適切な意思決定はできないでしょう。

解答を出すには、目的の明確化と成功の定義が必要

先の問題への解答は、状況によりプロジェクトマネジャーCさんの考えのようになったり、Sさんの考えのようになったり、その中間になったりします。

あえて正解を述べるならば、「このプロジェクトの実施目的を明確にし、コスト－ベネフィット分析で最適と思われる選択肢を選ぶ」ということになります。

繰り返しになりますが、次の2点が大変に重要なわけです。

▶プロジェクトを実施する目的は何か
▶プロジェクトの成功とはどんな状態であるのか

この章でなぜ、プロジェクトの成功や失敗という素朴な問題をずっと考えてきたか、その理由がおわかりいただけたでしょうか。上記の問いへの答えが明確でないと、意思決定で正しい解答は出せないのです。

会社におけるプロジェクトの成功とは何か

　次は、プロジェクトの成功と会社の成功について考えてみます。また1つ、皆さんに質問です。

> 「プロジェクトが成功することは、
> 　会社の成功といえるでしょうか？」

　「何を聞いているんだ。当然だろう」と感じられた方もいると思います。

　逆に、「このようなことを聞くくらいだから、そうはいえない場合もあるのだろう」と推測される方も中にはいるでしょう。

　プロジェクトの成功は利益を生み出し、当然会社にとっても成功に決まっている、というのが常識的な考え方です。しかし、必ずしもそうとは限りません。次の例を見てみましょう。

　新規受注のプロジェクトAは、利益は小さいが非常に厳しい条件のプロジェクトだったため、社内の優秀なプロジェクトメンバーでチームを構成してスタートしたとします。一方で、受注できない予定であった利益がかなり見込めるプロジェクトBが、突然受注できたとします。

　非常に困難なプロジェクトAに社内の主要なリソースが割り当てられました。その結果、後から受注できたプロジェクトBのほうは、リソース不足による問題が発生して大きな損害が発生しました。

　この場合、プロジェクトAが成功したとしても、プロジェクトBで大損害を被ったため差引きがマイナスになったとすれば、会社全体で考えると成功とはいえません。

　プロジェクトAを担当したプロジェクトマネジャーは、自分のプロジェクトを成功させることができたので、もちろん何も責められる点はありません。しかし会社組織にとっては、単独のプロジェクトでの

成功と、会社内で遂行される複数のプロジェクトの成功という、両方の視点が必要です。

プロジェクトマネジャーは、どうしても自分の担当するプロジェクトでの目的達成を目指すことになります。これは当然なことですが、会社組織としては、全体での最適化を同時に目指す必要があるのです。その上で、リソース（人員など）を適切に割り当てることが大切です。

> 複数のプロジェクトを同時に実施する会社では、
> 優先順位や最適化を計画する必要がある。

では、誰が複数プロジェクト全体の最適化を考えるべきでしょうか。

プロジェクトマネジャーたちを束ねる上部マネジャーが、まず考えられます。ただし、1人ではバランスをとることができるプロジェクト数に限りがあります。理想的には、会社全体でのプロジェクトのリソース配分を最適化させる機能を持つ専門の部署が、会社組織内にあるとよいでしょう。

プロジェクトを同時に多く実施する組織では、PMO（プロジェクトマネジメントオフィス）という組織を設け、全体での最適化を担当していることもあります（PMOについては第4章で扱います）。

忘れてならない、顧客にとってのプロジェクトの成功

今度はプロジェクトの成功を、顧客の視点から考えてみましょう。次の質問です。

> 「受注者のプロジェクトの成功は、
> 　顧客のプロジェクトの成功でしょうか？」

これは、先ほどの質問よりわかりやすいのではないかと思います。

受注した会社が、プロジェクトを要求通りの予算内で、納期通りに実施できた場合を考えてみます。会社にとってプロジェクトは成功していますが、発注側のIT仕様が間違っており、完成したシステムが役立たなかったらどうでしょう。顧客にとっては当然、成功とはいえません。社会的に見れば、リソース（資源）の無駄使いであったともいえます。

> 顧客の成功と、会社組織にとっての成功が同じとは限らない。

　これは、プロジェクトを開始する段階で、成功へのベクトル合わせを顧客を巻き込んで行うべきことを意味しています。

　他社より一歩先を行きたいのであれば、顧客の仕様に関しても幅広い視点から提案していくことが望ましいといえます。また、顧客自体もプロジェクトの目的や目標設定に、力を注ぐ必要があるでしょう。

　このような仕事はコンサルティングの部類に属するものであり、有料になるかもしれませんが、無駄なシステムが出来上がるのを防ぐ意味では、必要なコストであると考えるべきでしょう。また、受注者側も顧客のニーズをもとにしたシステム開発を目指すべきです。これはWin-Win（どちらも勝者になる）の関係になるのに必要なことといえます。

プロジェクトマネジメントは変更をコントロールできる

　本来、システム開発は組織にとっての目的達成の手段であり、システムを作ること自体が目的ではありません。プロジェクトの進行途中で顧客が、付加価値を高めるための追加を希望したり、顧客企業を取り巻く環境の変化に対処するためシステムの仕様変更を希望したりす

るケースはよくあります。プロジェクトを請け負った企業は、当初の仕様で完成することを望みます。しかし顧客にとっては、完成しても環境の変化で役立たなかったら、何のためのプロジェクトだったかわかりません。

　プロジェクトを進めるにあたっては、変更があるという前提が必要だ——これが筆者の言いたいことです。

　「当初の契約にないから実施しない」では顧客の成功に貢献できないことになります。最終的には受注企業が信頼を失うという観点からは、大きなマイナスといえます。もちろん、変更するのではなく、当初のプロジェクトを終了し、新しいプロジェクトとして立ち上げるほうが望ましい場合もあります。これらは、状況に応じて顧客と受注企業の間で決定する問題になります。

　実は、このようなスコープ（仕事の範囲）の変更を適切にコントロールするのに、プロジェクトマネジメントの考え方がとても役に立ちます。プロジェクトマネジメントは、変更への対応を公式の手順として含んだマネジメント手法だからです。

まとめ——プロジェクトの真の成功に向けて

　プロジェクトのベストな成功のためには、以下の3つの視点からプロジェクトの成功を考える必要があります**(図1-5)**。その上で、何がプロジェクトの成功であるのか、プロジェクト関係者で認識を共有するのが、成功に向けての最初のステップです。

▶プロジェクト単独の成功（納期・コスト・品質）
▶会社にとっての成功（全体の利益、信頼の増加、ノウハウの蓄積）
▶顧客にとっての成功（顧客のビジネスへの付加価値増加）

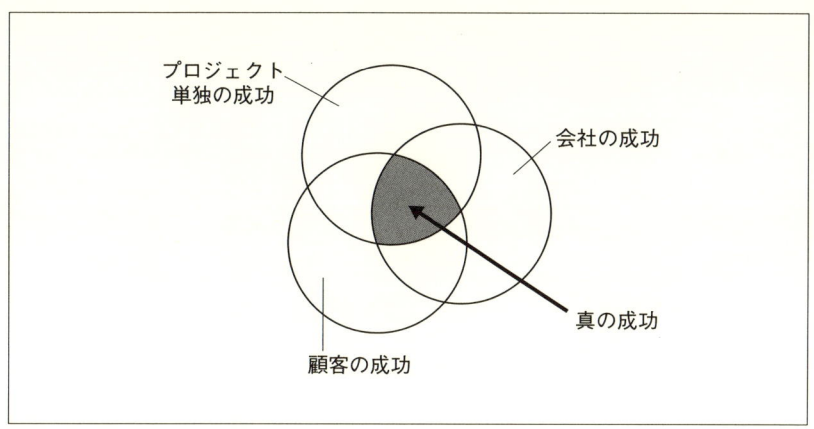

図1-5　プロジェクトの真の成功

第 2 章
プロジェクトの失敗は防げるのか
―― 時計の針を戻して眺めてみる

　運命論でプロジェクトの成功と失敗を論じる人がいます。悲惨な失敗に終わったプロジェクトは元々失敗するように運命づけられており、関係者がどんなに努力しても失敗することに変わりはないのだというのです。

　筆者はその考えには同意できません。確かに、プロジェクトによっては与えられた条件があまりに過酷で、成功など到底見込めなかったように思えるものもあるでしょう。しかし、そんなプロジェクトでも、いくつかの分岐点で正しい選択ができていれば、少なくとも最悪の結末は回避できたはずです。未来は変えることができる、これが筆者の考え方です。

あるITプロジェクト失敗物語

　この第2章では、失敗したあるITプロジェクトのケースを扱います。
　次の物語をプロジェクトマネジャーのつもりで読んでみてください。そして、どこが間違ったのか、どのようにしたらよかったのか、皆さんにも考えていただきたいと思います。

　　　　　　　＊　　　＊　　　＊

フェーズ1：受注

　200X年6月、○×システムソリューション株式会社は新規顧客開拓の企画を練っていた。そこに、ある大手メーカーの工場が今まで人手に頼ってきた作業をシステム化して労力の削減を図ろうとしている、という情報を営業部の木村課長が持ってきた。早速、樋口取締役と企画部の島田部長と山口営業部長、木村課長を入れての検討会議が行われた。

　営業部の木村課長が話の口火を切った。「今度のシステム構築がうまくいけば、他の3工場でも導入したいとメーカーさんは考えているようです。」

　企画部島田部長も木村課長の提案を後押しした。「このプロジェクトを、弊社の新規顧客開発に結びつく重要なプロジェクトとして位置づけたいと思っています。樋口取締役、いかがでしょうか。」

　「そうだな。ただ、システム提案は我が社だけなのか。」

　樋口取締役の疑問に木村課長が答えた。「従来からの凸凹システム社にも、話が行っているようです。」

　「では、価格的に魅力がある採算限界での提案をしてくれ。うちとしても、負けるわけにいかないからな。」

「わかりました。技術陣と打ち合わせし、コストダウンを図ります。」全員は緊張した面持ちで席を立った。

検討会議の後、営業部と設計部長、技術担当者を加え最初からコストダウンを考慮した見積もりが行われた。1年前に実施したプロジェクトのシステムが再利用できそうだ、との技術担当者の意見を採用し、見積もり書とシステムの提案書が作成された。

しかし、技術部の鈴木課長には一抹の不安があった。「ただ、顧客のシステムを実際に調査してみないと、確約はできません。再利用できない場合もあるかもしれません。その場合の見積もりは——」

木村課長が鈴木課長の話をさえぎるように言った。「悪い情報はあまり上げたくないですね。言えるような状況でないのはわかりますよね。」

「でも、・・・」

「今度のプロジェクトマネジャーは、ベテランの宮本さんに依頼することになっているのだから心配ないと思いますよ。いつものようにどうにかしてくれるでしょう。頼りになる人ですから。」木村課長はこう言って鈴木課長の懸念を押しのけた。

営業部と技術部は結局、過去のシステムを再利用するという前提でのコストダウン計画を盛り込んだ見積もりを作成した。上司の許可をとり、樋口取締役への説明も無事に終了した。

いよいよ顧客に見積もりを提出する日が来た。そして心配な数日が過ぎたが、顧客から「貴社に決定しました」という内示の電話が木村課長に入った。「ありがとうございます。弊社は全力で今回のプロジェクトに取り組みます。」営業の仕事にとっては至福の瞬間である。

この時、木村課長はプロジェクトの結末について知る由もなかった。

フェーズ2：プロジェクトチーム発足

さて、会社が適任者として白羽の矢を立てたのは、ベテランの宮本課長である。樋口取締役は寺辻技術部長に「宮本君がよいと思うが、今度のプロジェクトでは納期も予算も厳しい。ベストな人選を頼むよ」と指示した。寺辻部長は「了解しました。全力を尽くすつもりです」と神妙に答えた。寺辻部長は早速、宮本課長を呼び、今回のプロジェクトでは納期と予算は厳しいが頑張ってほしい、とだけ最初に断ったうえで、プロジェクトの概要を説明した。

プロジェクトマネジャー（PM）に任命された宮本課長は「例のシステムをそのまま利用できるかどうか、まず再調査してみます」と答えた。

あらかじめ適任者と各部長が考える候補者のリストがあったので、それをもとに、宮本プロジェクトマネジャーと部長との間でプロジェクトメンバーの最終的な人選が行われた。プロジェクトチームは出来上がった。

フェーズ3：プロジェクトスタート

技術部鈴木課長の不安は的中した。調査の結果、以前のシステムはほとんど再利用できないことがわかったのである。顧客の現在のシステムとの統合が難しく、新規に作った方がよいという判断になった。当社の予算より1000万円コストアップになる。これで利益分がまるまる消えることになった。総予算が1億円であり、コストアップが全体の10%に相当するからだ。

宮本PMはすぐに寺辻技術部長に報告した。寺辻部長は、「赤字にならなければいいだろう。でも宮本君、赤字だけは避けてくれ。頼んだよ」と釘をさした。

宮本PMは、キックオフミーティングで、プロジェクトメンバーを

集めてプロジェクトの概要を説明し、次のように締めくくった。

「今回のプロジェクトは、現状では利益が見込めない厳しいものだが、少しでもコストが下がるよう努力してほしい。もし、コストダウンにつながるアイデアがあれば、どんどん提案してもらいたい。そして１年後には、おいしいビールで乾杯しよう。」

選任されたメンバーたちも、厳しいプロジェクトであるが、ベテランの宮本氏と仕事ができるのを内心うれしく思っていた。そして、期待に応えるように頑張ろうと決意した。

フェーズ４：要件定義

顧客は、この○×システムソリューション社と仕事をするのは初めてであった。さらに悪いことに、システム要員も十分なスキルを備えていなかった。プロジェクトチームは、要件定義を進める段階ですでに悪戦苦闘を強いられた。

発注したのだから何でもやってくれて当たり前だという態度で、かつ、なかなか意思決定が下らない。承認用の資料や図面にもサインをなかなかしてもらえない。担当者の山口は、毎日のように顧客の所に催促に行くようになった。

このような有様では、要件定義はなかなか出来上がらない。客先の仕様で不明な点について尋ねても、なかなか明確な回答が得られなかった。予定より１カ月遅れても、最終的な要件定義書は完成しなかった。このまま要件定義の完成を待つと、納期が間に合わず、コストも膨らむ一方だ。宮本PMは次の方法をとることにした。

▶仕様の曖昧な点は推測して設計を実施する
▶推測箇所は仕様が最終的に決定してから修正する

宮本PMは、作業を前倒しするこの方法で、どうにかスケジュール遅れを取り返せると考えていた。

フェーズ5：設計・開発

プログラムの一部は外注業者に発注することにしていたが、コストダウンのため単価が安い業者も採用することになった。ただ、この会社は単価は安く、品質はまあまあ合格点であるが、スケジュールに関してはいい加減な所があった。それでも宮本PMは、スケジュールはチームメンバーが定期的に確認することでカバーできると判断していた。

要件定義の遅れという問題は依然として解決されそうもなく、なかなか最後まで仕様が固まらなかった。そのため、システムには顧客の要求を満たせない部分が発生した。プログラムの修正・追加作業が増え、システムがどんどん大規模になってきた。

悪いことは重なるものである。外注業者のA社のスケジュールを山口部員が確認したところ、1カ月近く遅れていたのがわかった。「追加があるためです」とA社の担当者は理由を説明したが、自分たちから進んでスケジュールについて報告することはなかった。山口部員は、自分の本来のドキュメント作成に十分な時間をかけられず、A社の納期確認作業に追われるようになった。コストは当然アップするし、納期も守れそうにない。

宮本PMは頭を抱えた。しかし、ここでしっかりしないとプロジェクト全体が崩れてしまうと思い、自分に鞭打ってでも乗り切ろうと心に誓った。

プロジェクトの抱える問題が大きくなってくると、1カ月に一度、部長とプロジェクトメンバーを加えたミーティングが開かれるようになった。その結果は、部長を通して樋口取締役に報告されていた。取締役は「全員が一致団結して乗り切るんだ。ここは頑張るしかない」と

励ますことはあったが、具体的なサポートは何も与えてくれなかった。
　一方、チームメンバーはあまりに要求の多い顧客に対して、「そんなことは今からではできません」と、けんもほろろに断るようになった。そして、できない理由を説明するのに、顧客の担当者が理解できない専門用語を並べ立てた。担当者はただでさえ忙しいのに、次々に顧客から出される要求に対応する余裕がなくなっていたからだ。
　顧客の側にとっても、自分たちの知らない専門用語でまくし立てられては、不快になって当然である。こうして両者の関係は一段と冷えていき、打ち合わせをする機会も少なくなっていった。

フェーズ6：エンディング

　システムが形をなしてきたが、顧客にとっては、自分たちの考えているものとはほど遠いようである。「これでは、使い物にならない」——最終局面で修正や追加の要求が無数に出てきた。プロジェクトチームはこれに対応することになり、ステップ数もどんどん増える一方だった。この時点では何が追加仕様で、何が当初の契約の範囲であるのかが不明になっていた。
　とうとうプロジェクト終盤で、宮本PMは適任者でないという解任宣告が下った。そして、過去にプロジェクトの立て直しで実績のある斉藤課長が新しくプロジェクトマネジャーに任命された。結局、途中からの改良ではなく、明らかに利用できる箇所以外は最初から作り直しをすることになった。
　このプロジェクトは、社内でも有名な失敗プロジェクトとして結末を迎えた。最終的にはコストは3倍にまで膨れ上がり、納期も2倍に延びた。
　顧客の信頼も失い、もちろん次の仕事につながることはなかった。
　プロジェクト終了後、このプロジェクトの経緯がまとめられたが、

そこには当たり障りのない記述が書かれているのみである。今回の問題の本質に関して何か検討されたり、改善策が提案されたりすることは、結局なかった。

＊　　　＊　　　＊

いかがでしょうか。この失敗プロジェクトは、○×システムソリューション社と顧客のどちらにとっても、大きな痛手であるプロジェクトになりました。Lose-Lose（どちらも負け）で、誰も得をしていません。

では、いったいどのように行動すればよかったのでしょうか。映画の「バック・トゥ・ザ フューチャー」のように、過去に戻って未来を変えることができないか、ちょっと考えみましょう。

目的を文書化せず、悪い情報は隠そうとする

それでは、フェーズ１「受注」に戻ってみましょう。今回のプロジェクトのフェーズ１には次の２つの問題が潜んでいます。

▶プロジェクト遂行目的の文書化なし
▶悪い情報を隠す

この２点について少し考えてみましょう。まず、文書化の効用についてです。

今回のプロジェクトを開始する背景には、次のような全社的な目的がありました。

▶新規顧客の開拓
▶他の工場への展開

しかし、このプロジェクトの目的が文書化され、プロジェクトマネジャーをはじめとするプロジェクト関係者に知らされることは、最後までありませんでした。プロジェクトの目的が不明確だと、プロジェクトの遂行時に適切な判断ができません。

もしこのフェーズで、会社としてのプロジェクト遂行目的を明確にして文書化していれば、プロジェクトの遂行途中で、プロジェクトマネジャーや関係者はもっと適切な判断ができた可能性があります。

次に、悪い情報を隠したことはどう影響するでしょうか。

営業部木村課長が見積もりに関する懸念を正直に上層部に報告していれば、予備費などの検討ができたかもしれません。ここで木村課長がとった対応は「プロジェクトマネジャーがどうにかしてくれる」という甘えです。取締役の耳に悪い情報を入れたくないという、その場しのぎの対応ともいえます。しかし、現実にはこのような対応がなされることが決して少なくありません。

ここにもし、「リスクの検討」というプロセスが組み込まれていれば、技術部鈴木課長にも発言する機会があったはずです。

その場限りの甘言でなく率直な意見を尊重する、という社風がここで重要になります。上層部などの意思決定者が正確な判断をするのに不可欠だからです。

どんな背景があるか確認していない

次に、フェーズ2「プロジェクトチーム発足」に飛んでみます。

寺辻技術部長は、今回のプロジェクトの背景を十分確認していませんでした。このため、宮本プロジェクトマネジャーに対しても、いつものセリフ「今回のプロジェクトは納期も予算も厳しいが頑張ってくれ」で指示しただけです。

取締役が技術部長にプロジェクトの背景や会社にとっての意味を十分説明していれば、あるいは技術部長が取締役にプロジェクトの背景や目的を確認してさえいれば、技術部長からプロジェクトマネジャーに指示する内容は変わっていたはずです。

　あるいはまた、プロジェクトマネジャーがすぐにプロジェクトの計画にとりかからずに、「今回のプロジェクトにはどんな背景があるのですか」と技術部長に確認すれば、技術部長は取締役に確認したでしょう。そうしてもよかったのです。

　しかし、このように誰かが気付けばよいという発想では、ミスは再発します。やはりプロジェクトの背景や目的を確認するプロセスを、システムに組み込むべきです。

　そのためには、プロジェクトチャーター（プロジェクト憲章）を必ず作成することを、手順の一部として習慣化する必要があります。プロジェクトチャーターとは**図2-1**のような項目で構成された書類で、

```
┌─────────────────────────────┐
│      プロジェクトチャーター      │
│                             │
│   1  プロジェクト名           │
│   2  プロジェクトの背景        │
│   3  目的                    │
│   4  成果物                  │
│   5  終了条件                │
│   6  予算                    │
│   7  納期                    │
│                             │
│         承認者サイン_____   │
└─────────────────────────────┘
```

図2-1　プロジェクトチャーターの例

プロジェクトの最初に作成されるものです。

優先順位の取り違え

　フェーズ3「プロジェクトスタート」の時点はどうでしょうか。

　宮本プロジェクトマネジャーには、コストについて強調された指示のみが上司から与えられていました。これでは、プロジェクトの優先順位はコストが一番であるとプロジェクトマネジャーは判断してしまいます。プロジェクトでの優先順位は大切です。何を優先させるのかは、プロジェクトでの意思決定に大きく関係してくるからです。

　このフェーズ3では、利益がゼロになることがわかった時点で、宮本PMは技術部長に相談に行っています。「何がプロジェクトの成功であるのか」を考える良いチャンスでした。この成功の定義を考えるのは、部長でもプロジェクトマネジャーでもよかったのですが、2人ともそれには無関心でした。

　コストは至上命題で、何が何でもそれを守らなければならない――こう思い込んでしまいがちですが、必ずしもそうとは限りません。わずかばかりのコストを惜しんだために、会社の信用をなくしたり、顧客の満足度が下がったりしてしまうケースは数多くあります。

　第1章で、成功の定義がなぜ大事かを説明しました。「プロジェクトの成功とは何ですか？」この魔法の言葉をぜひ皆さんも使ってみてください(図2-2)。

　もしここで、上の問いかけがあれば、その後の意思決定は変わっていたはずです。

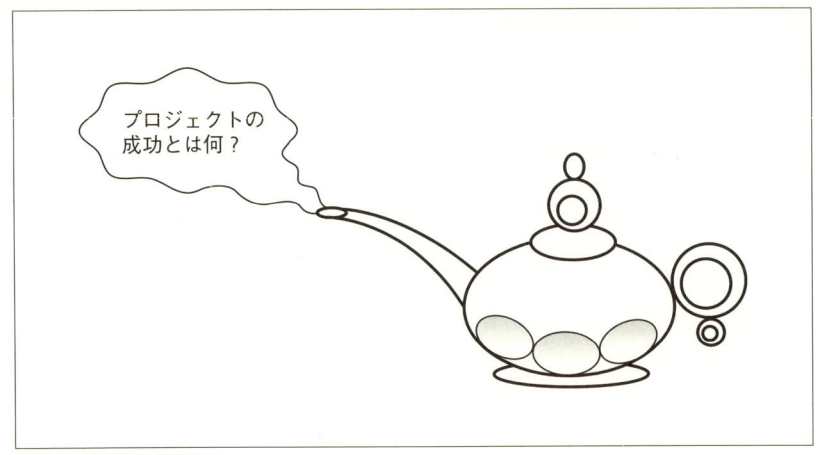

図2-2　魔法の言葉

要件定義に非協力的な顧客

　次はフェーズ4「要件定義」です。

　顧客がなかなか仕様を決められないと、時間がかかりプロジェクトのスケジュールは遅れてしまいます。そして、後で苦労するのはいつも受注者側です。顧客は自分たちの決定の遅れがプロジェクトのスケジュールにどのような影響があるのかなど、普通は考えないものです。

　もしここで要件定義が順調にできていれば、その後の展開も変わってきたことでしょう。

　さて、皆さんが未来からこの時点まで戻れるとしたら、どうしますか。何か違う行動をとれるでしょうか。そして、そのために何を考えたらよいのでしょうか。

　顧客に対してこびへつらったり、優柔不断の対応をしたりすることは、プロジェクトの成功にとって決してプラスには働きません。プロジェクトの失敗は双方にとっての失敗であり、成功は双方にとっての成功であることを、おたがいが認識する必要があります。そして、要

件定義が遅れた場合にどのような影響がプロジェクトに想定されるかを、具体的に説明すべきです。

　その際、プロジェクトへの影響をイメージできるように顧客に説明しなければなりません。ここで効果を発揮するのが、プロジェクト管理ツールです。ツールでスケジュールを視覚化し、遅れの影響をシュミレーションして見せれば、顧客もある程度の理解を示してくれるものです。

　できれば最初の契約書の受注条件に、顧客側のプロジェクト体制作りや義務を盛り込んでおくことで、顧客サイドの意識付けを行うのも有効です。

　ここで顧客の理解が得られていれば、その後のプロジェクトの進路が大きく変わっていた可能性があります。

裏目に出た外注によるコスト削減

　プロジェクトも佳境にさしかかった、フェーズ5「設計・開発」に戻ってみましょう。

　外注業者A社のコストは一見安いように思えますが、宮本PMのチームが納期管理などの業務をしないといけない労力（コスト）を考えると、決して安いとはいえません。山口部員のミスは、プロジェクトの納期管理がきちんとできる外注業者であれば、起こらなかったかもしれません。いずれにせよ、通常の業務以外での仕事に追われると、人の集中力は低下し、ミスが発生しやすくなります。

　プロジェクトでは、コストを常にトータル的に考える必要があります。プロジェクトマネジメントのできないような業者に発注してはいけません。さもないと、発注先のプロジェクトマネジメントを、忙しい時間を割いて担当者自らが実施しなければならなくなります。

このフェーズには、他にも2つ問題点があります。

樋口取締役は、部長を通してチームを激励するだけで、実際には何のアクションもとっていません。トップの具体的なサポートは、プロジェクトの成功に不可欠です。そしてもし、それが得られない場合、具体的に何をしてほしいかトップに依頼するのも、プロジェクトマネジャーの仕事だと考えるべきです。宮本PMはここで全部自分が背負い込んでしまいましたが、それは決して賢明な選択とはいえません。

もう1つの問題は、顧客と受注企業との間に溝ができつつあることです。プロジェクトに顧客が無関心になるのは、重大な危険信号です。これはぜひ覚えておいてください。適切な顧客の関与がなければ、プロジェクトはまず成功しないからです。

顧客を孤立させる状況だけは、絶対に避けなければなりません。

■プロジェクトの失敗を繰り返さないために

さて、プロジェクトの最終局面、フェーズ6「エンディング」に戻ったとして、何ができるでしょうか。

ここまでくると、プロジェクトはどうしようもない火の車状態になっています。この局面で打つ対策は、今回のプロジェクトに関する限り、ほとんど効果があがらないものでしかないでしょう。

しかしこのままでは、このプロジェクトは宮本PMとそのチームが適任でなかった、ということだけで終わります。その結果、どうなるでしょうか。数年後また同じプロジェクトの失敗を繰り返すことになります。歴史は繰り返すといいますが、プロジェクトの失敗もまた、繰り返されるものなのです。

このようにならないためにも、必ずプロジェクトの教訓や改善点（ノウハウ）を組織的に検討し、プロジェクトマネジメントの既存シ

第 2 章　プロジェクトの失敗は防げるのか

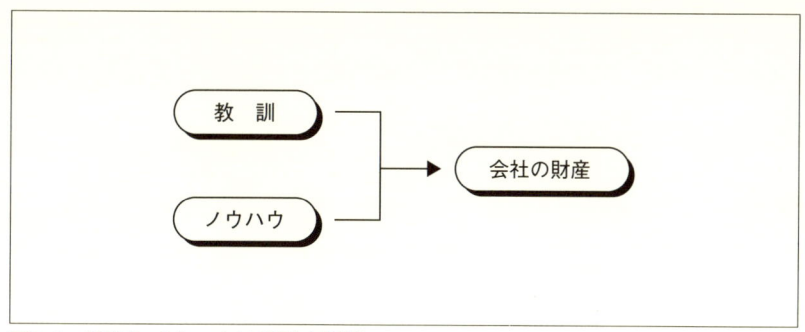

```
┌─────────────────────────────────┐
│                                 │
│    ┌─────┐                      │
│    │教  訓│──┐                   │
│    └─────┘  │   ┌───────┐       │
│             ├──▶│会社の財産│     │
│    ┌─────┐  │   └───────┘       │
│    │ノウハウ│─┘                   │
│    └─────┘                      │
│                                 │
└─────────────────────────────────┘
```

図2-3　教訓とノウハウは貴重な財産

ステムを改善して会社の財産にしなければなりません**(図2-3)**。ここでいうシステムとはコンピュータを利用したものではなく、プロジェクトの進め方のことを指します。

　プロジェクトの失敗は、企業が挑戦する限りゼロにはできません。しかし、許容できるレベルにまで失敗の確率を引き下げること、そして同じ失敗を繰り返さないようにすることは可能です。そのためには組織の中に、第4章で説明するPMO（プロジェクトマネジメントオフィス）のような、プロジェクトの教訓やノウハウを蓄積する部署を作る方法が有効です。

第3章
プロジェクトはなぜ失敗するのか
──失敗の定石とその対応策

■ 地雷原を切り抜けるために、失敗の経験から学ぶ

　筆者は仕事の性格上、プロジェクトの失敗例を本当にたくさん、見たり聞いたりしてきました。その経験から言えるのは、ITプロジェクトの遂行は、失敗の要因がそこかしこに埋まった地雷原を進むようなものだということです。

　しかしいくら危険な地雷原でも、地雷がどこかに埋まっていることを知って進むのと、まったく無頓着に進むのとでは、うまく生き延びられる確率はまったく違うはずです。前章の終わりで、プロジェクトの失敗の教訓を社内に蓄積することが必要だと述べました。失敗の教訓は、「どこに危険が埋まっているか」を見抜くのに役立つでしょう。

　この第3章では、筆者が蓄積してきた現実のITプロジェクト失敗の経緯を、失敗の要因ごとにパターン化し、皆さんにお見せします。そして、そんな状況に陥ったとき、どうすれば成功に近づけるかを考

えていきたいと思います。

非現実的な納期の要求

> **Situation**
> 顧客から現実的でない納期でのシステム開発の仕事の依頼が来た。会社としては、どうしても実績を作りたい案件であり、受注することに決定する。

失敗への道

　顧客からの要求に対して「それはできません」とはなかなか言えないものです。「納期はどうにかなる」「受注後、プロジェクトマネジャーが考えてくれる」といった希望的な観測のもと「頑張って、納期内で終わるようにいたします」と相手に期待をさせる約束をしてしまいました。

　しかし、プロジェクトの途中で案の定、納期が間に合わないことが判明し、延長依頼するはめに陥ります。場合によっては、二度三度と延長依頼する必要が出てきます。その結果は明らかでしょう。プロジェクトは、予想以上のリソース投入でコストが増加し大赤字になります。

　さらに悪いことに、会社は大切な顧客の信頼を失うことになります。そして、「受注しないほうが会社にとってよかった」と後悔しますが、後の祭りです。

成功への考え方

　まず認識すべきことは、どんなに優秀なプロジェクトマネジャーでも不可能を可能にはできない、という事実です。難しいことをどうに

か乗り越えることはできるかもしれませんが、非現実的な要求をプロジェクトに課すことだけは避けなければなりません。

Impossible（不可能）なのか、それともdifficult（難しいができるかもしれない）なのかを、をまず見極める必要があります。

まず、要求された納期で実施可能であるか、正しい判断をしなければなりません。

スケジュールを作る対象は、必ず未知の要素が含まれた計画です。何が途中で起こるのかはわかりません。適切なリスクを考慮したスケジュールにしなければなりません。

その結果、とても不可能な納期である、または納期をある程度延ばさないとできない確率が高いのであれば、それをありのままに顧客に説明すべきです。

そして、顧客を交えて次の点の検討を行います。

> ▶顧客の納期の余裕度
> ▶納期が遅れると、顧客にどのような影響があるのか
> ▶確実に納期に間に合わせるために、スコープ（プロジェクトにおける仕事の範囲）を2段階に分けることが可能か

これらの検討には、Microsoft Office Projectのようなスケジュールを視覚化できるソフトを使い、プロジェクターで顧客と一緒にスケジュールを見ながらシミュレーションするのが効果的です。そうやってスケジュールが視覚化されれば、顧客も納期が現実的でない理由を理解しやすくなります。さらに、顧客が検討に参加することで、お互いのコミュニケーションが改善されるという、副次的なメリットもあります(図3-1)。

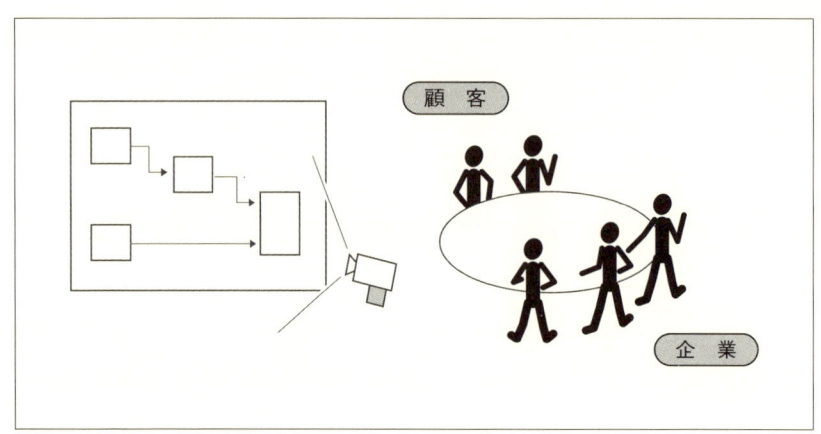

図3-1　顧客との共同検討

次のような選択肢があることを常に念頭に置きましょう。

> 非現実的な納期のプロジェクトを受注しない。
> ただ、顧客が理解できるような説明をし、
> 顧客と検討を行って解決策を模索する。

顧客とのコミュニケーション不足

Situation

受注したプロジェクトの顧客側担当者は、実施するプロジェクトに関して必要なスキルを持たない、形だけの担当者だった。そのため、必要な意思決定ができずプロジェクトの進行がスムーズにできない。

失敗への道

顧客に対応の改善をお願いしても、すぐには何かが変わるとは思え

ないので、しばらく様子を見てみようと考えがちです。しかし、相変わらず顧客が適切な意思決定をしないままだと、やがて次のような会話がプロジェクトチーム内で聞かれるようになります。

「顧客の担当者が意思決定できないで困ってしまう」

「今の開発が遅れているのも、みんな顧客が仕様を決めるのが遅いからなんだ。仕方ないだろう」

意思決定の遅れにより、あちこちにひずみが出てきます。どのように人を投入しても、納期が間に合わないようになりました。顧客からは「納期遅れは困る。約束違反ではないか」とクレームがつけられます。納期が遅れることは、それだけ無駄なコストがかかることになり、プロジェクトの利益がしだいに減少していきます。やがては大赤字のお決まりパターンです。

プロジェクトマネジャーは顧客からも信頼されなくなり、会社の上司からも叱責を受けることになりました。会社の上司はトップから大目玉をもらいます。ただし顧客は、自分たちの対応に問題があるのをあまり意識していないようです。

今回のプロジェクトの納期遅延で、予定していたサービスが延期になったため、顧客は大きなビジネスチャンスを失い、ダメージを受けました。受注した会社も評判を落とすことになりました。だれも得しない、全員が負けの典型的なパターンです。

成功への考え方

プロジェクトの成功・不成功は受注企業だけの問題ではありません。発注した顧客企業も、必要なサポートを行う義務があります。

ただ、顧客はプロジェクトの進行に関してどのような関わりをもったらよいのか知らない場合もあります。また、顧客がプロジェクトに関して過去に経験がなかったり、経験があった担当者が異動でいなく

なったりした場合には、今回のような状況がとくに起こりやすいといえます。

受注企業にとっては納期に追いまくられるプロジェクトでも、顧客は発注したという安心感や自分の会社の業務で忙殺されており、あまり注意を払わないことが考えられます。しかし、コミュニケーション不足の状況をそのまま放置しておけば、プロジェクトは大きなダメージを被ります。

顧客に対し、次のような態度で臨むことが大切です。

> **顧客の意思決定する範囲と、**
> **それがどのような影響をプロジェクトの進行に与えるのかを、**
> **できれば最初の段階で顧客に伝える。**

そして、顧客自身がプロジェクトに適切に関与できる体制を作ってほしいと、顧客側に依頼することも必要になります。

もし、顧客がプロジェクトに関与している意識があまりないような場合は、顧客と一緒にプロジェクトの進め方の勉強会を開催したり、プロジェクトマネジメント研修を受けたりしてもらうのもよいでしょ

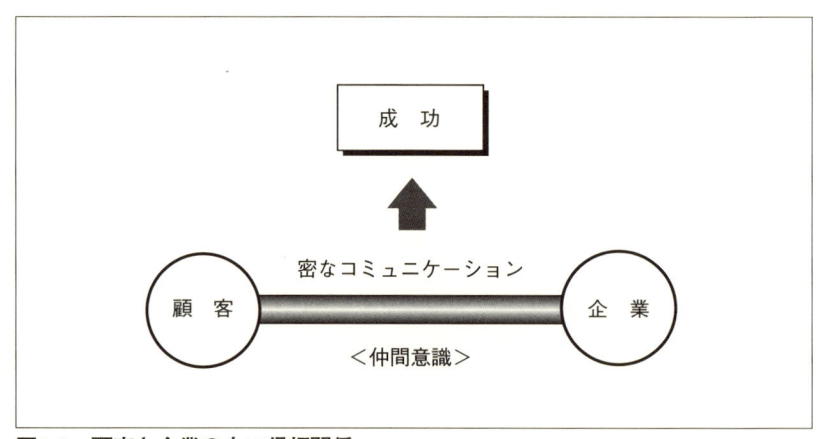

図3-2　顧客と企業の太い信頼関係

う。そうすることで「プロジェクトの成功に向け、一緒に進んでいく」という仲間意識が生まれてきます。コストが余分にかかりますが、トータルに見ればプロジェクトに良い結果をもたらします(図3-2)。

トップの関与不足

Situation

トップは「今度のプロジェクトは大切である。頑張るように」と話してくれたが、実際にプロジェクトが始まると、進捗状況の報告書を見るだけでプロジェクトに対して無関心な様子。プロジェクトマネジャーが設計人員の増強に備えたトレーニングを提案しても、何らアクションを取ってくれない。

失敗への道

プロジェクトマネジャーは、「トップの関与は自分のコントロールできることではない」と考え、不満があってもそのままにしてしまいます。

その結果、必要なサポートが得られず、チームのパフォーマンスが高まりませんし、要員不足からミスも増えてきます。また、プロジェクトマネジャーの責任感が強いと、プロジェクトを任された以上は、弱音を吐かないでやり遂げるのが自分の責任であると考え、全て自分で仕事を背負い込んでしまいます。それは、必要な応援をプロジェクトチーム外に依頼するのが遅れることにつながります。

最終的には、抜き差しならない状態になってはじめて、問題が表に出てきます。そして、多くのリソースがやみくもに投入され、コストがどんどん膨れ上がっていきます。

成功への考え方

　問題が表面化する前に行動するのが、プロジェクトの成功の大原則です。

　トップはプロジェクトへのサポートは重要だと感じていても、他の仕事の件で頭が一杯のこともあります。どのような関与が適切であるのかが明確でないため、行動できない場合もあります。

　担当プロジェクトについて一番真剣に考える立場にあるのは、プロジェクトマネジャーです。積極的に行動し、できることは自分から仕掛けていくように考えることが、プロジェクトの成功には重要です。トップのサポートが必要であると判断すれば、自分から必要性を説明する機会を作るなどの行動をとる必要があります。一般に、プロジェクトが難しいものであるほど、トップの強力なサポートが必要になってきます(図3-3)。

　「エレベータープレゼンテーション」という言葉をご存知でしょうか。トップがエレベータで上層階へ上がっていく短い時間で、ポイントを要領よく説明するものです。トップは忙しいことが多いですから、状況に合わせてポイントを簡潔に説明することが大切です。

> **トップのサポートが必要だと判断したら、
> 自分から出向いて状況を説明する。**

　プロジェクトに必要なサポートを得るように行動することも、プロジェクトマネジャーの仕事です。ただ、プロジェクトマネジャーもさし迫った業務で忙しいはずです。サポートを得るのに必要な説明をしたり、社内手順に沿った行動をしたりするには、大きなエネルギーが要ります。その時間すらない場合もあります。

　そのような時にプロジェクトマネジャーに代わって行動してくれる、PMOのような組織を社内に作るのも、プロジェクトマネジャー

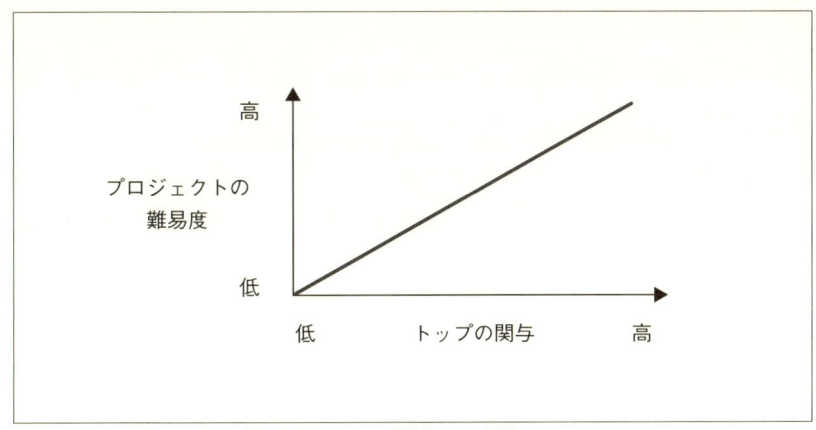

図3-3 プロジェクトの難易度とトップ関与の必要性

の労力や時間の節約に役立ちます。

プロジェクトを「KKD」で実施する

Situation

会社で10年くらいプロジェクトでの実務経験を持つと、経験主体のプロジェクト遂行法が身に付く。そして、「プロジェクト遂行のスキルは経験でしか身に付かないもので、トレーニングなどは必要ない」と考え、自分で苦労して獲得したプロジェクト遂行法のみが正しいと信じるようになる。

失敗への道

これは、プロジェクトを経験・勘・度胸（KKDと呼ばれる）で実施する人が陥りやすい罠です。

自分なりに編み出した、または自社内だけで通用するプロジェクトマネジメントの遂行法を唯一、絶対的なものであると信じてしまいま

す。なぜなら、今までそれでプロジェクトをどうにか遂行できていたからです。そして、プロジェクトマネジメントのトレーニングを、理屈ばかりで実務には役立たないと決めつけてしまいます。

　また、研修を受けたりトレーニングを受けたりする時間があれば、実務でのOJT（オンザジョブトレーニング）を行うほうがよいと考えます。そして、徒弟制度のような仕組みのもとでプロジェクト遂行を行うことになります。

　プロジェクトの種類が過去と似たものである限り、どうにかやり遂げることができます。しかし、過去に経験がなく不確定要素が多いプロジェクトや、リスクが高いプロジェクト、今までと異なる専門スキルをもつメンバーで構成されたプロジェクト、文化が違う他社との共同プロジェクトでは、そううまくは事が運びません。

　プロジェクトの進め方が統一されていないため、メンバー同士、顧客との関係、さらにはプロジェクトそのものまでがギクシャクしてきます。プロジェクトの進め方の方向が定まらず、プロジェクトはやがて座礁してしまいました。

成功への考え方

　プロジェクトの効果的な進め方を習得するには、実務でのOJTが必要不可欠です。ただ、これはプロジェクトマネジメントに関するトレーニングや研修が不要であることを意味するものではありません。

　プロジェクトの成功確率を上げるには、プロジェクトマネジメントのトレーニングで体系的な知識を習得することは必要であり、プロジェクトが複雑になればなるほど体系的知識は役立つものです(図3-4)。

　そして、プロジェクト関係者がプロジェクトマネジメントに関する原理原則を習得しているのと、そうでないのとではプロジェクトの遂行に大きな差が出てきます。

第3章　プロジェクトはなぜ失敗するのか

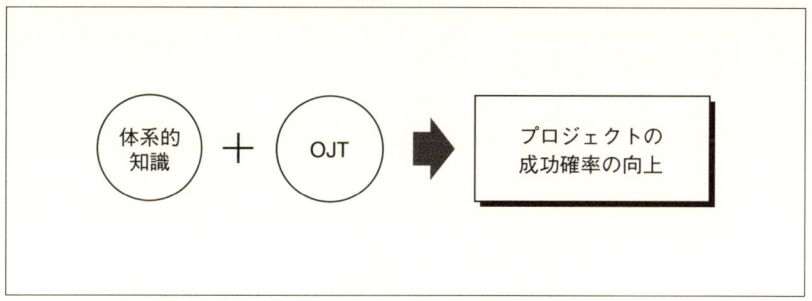

図3-4　実務のOJTとプロジェクトマネジメントの体系的知識

　プロジェクトマネジメントの考え方によれば、プロジェクト遂行の第1段階は、プロジェクトの関係者間で原理原則を共有することです。それはまず、プロジェクトの遂行にあたり、共通言語でコミュニケーションできることに役立ちます。会社のいくつかの部門をまたいで実行されるプロジェクトや、他社との共同プロジェクトの場合、各メンバーがそれまで経験してきた考え方や手法にとらわれると、軋轢のため全体のパフォーマンスは低下します。

　ここで大切なことは、プロジェクトマネジメントの原理原則をまず理解した上で、実施するプロジェクトの特性や特殊性などを考慮し、プロジェクトマネジメントの原理原則をカスタマイズして使用することです。プロジェクトマネジメントは理論が先にあって出来上がったものではありません。緊急性のあるプロジェクトでのさまざまな状況や、数々の失敗の経験から体系的に整理されてきました。ですから、机上の空論でもなければ、杓子定規で煩雑な手順がたくさん書かれた規定集でもありません。常に現実に即して見直しが行われている「生きた」学問体系なのです。

　プロジェクトマネジャーやプロジェクト関係者がプロジェクトマネジメントの体系的な知識を習得し、実務経験を持つことは、会社として貴重な財産である人材を保有することを意味します。

> プロジェクトの成功確率を上げるには、
> 計画された実務でのOJTと、
> プロジェクトマネジメントの
> 体系的な知識の習得が必要である。

プロジェクトマネジメントプロセスを考えない

Situation

　プロジェクトの計画をする上で、最終的に作り出す成果物のための設計や開発、テストに関しては入念に検討する。しかし、変更の取り扱いやリスクについては、ほとんど事前に検討しないままにプロジェクトを開始する。

失敗への道

　プロジェクトの計画では、プロジェクトマネジメントに関しては何も考慮されておらず、もちろんそのための時間も特に与えられていません。つまり、プロジェクトの実務を行う時間しか与えられていない、という状況です。

　しかし、実際にプロジェクトを進めていくと、顧客からの変更要求がどんどん出てくるようになりました。顧客の変更要求に対して、どのようにアクションするかを決める時間はとってありません。対応する時間もないので、しばらくそのまま放っておくことになります。あるいは、顧客の意見を検討していてはプロジェクトが先に進まないので、無視を決め込んだりします。

　当然、顧客には不満がたまっていきます。このようにして出来上がる成果物は、顧客の考えていたものと異なるものになりやすく、顧客から受け取りを拒否されてしまいました。結局は、やり直しをするこ

とになります。プロジェクトのコストがかさんだばかりでなく、顧客の信頼も失ってしまいました。

成功への考え方

　プロジェクトが、何も問題が発生しないまま終了することは、まずありません。特に、いままで組織で経験がないプロジェクトを行う場合は、予期しないことが数多く発生するものです。もし、プロジェクトで問題が1つも発生しないとしたら、それは幸運であったという以外ないでしょう。

　顧客からの依頼に基づくプロジェクトでは、顧客がそのプロジェクトを遂行する「背景」が、当然存在します。例えば、他社よりも優れたシステムの構築、あるいは大きな業務改善のためのシステム開発かもしれません。しかし、もしこの前提が変わったらどうでしょうか。

　想定したライバル他社が似たようなシステムを先に構築したとすると、それよりさらに先を行くシステムを希望するようになります。顧客はプロジェクトの遂行自体を希望しているのではなく、作り出されたシステムなどの成果物がもたらす「効果」を期待しているのです。

　顧客の満足度や信頼を高めるには、顧客からの変更に関して適切で一貫した対応をとる仕組みが不可欠です。それには、プロジェクトの計画段階で、変更を管理する手順を作成しておく必要があります。

　次に、リスクについて考えてみましょう。そもそも、リスクのないプロジェクトは存在しません。新規性が高いプロジェクトや、過去に経験があっても顧客が異なるプロジェクトではリスクが高くなります。

　リスクはプロジェクトの開始前に検討されるべき対象ですが、時間の経過に伴ってリスク自体も変化します。プロジェクトの全期間にわたって、定期的にリスクを再検討する必要もあります。

　変更管理とリスクマネジメントは、プロジェクトマネジメントの重

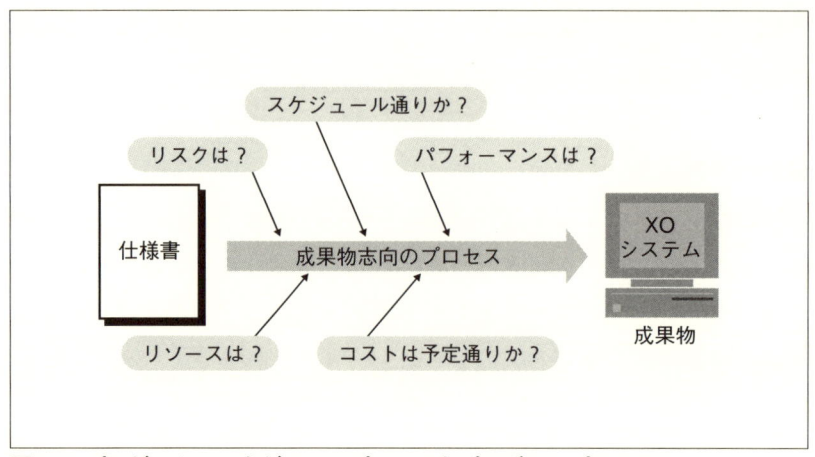

図3-5 プロジェクトマネジメントプロセスとプロダクトプロセス

要な要素です。このようなプロジェクトマネジメントプロセスは、プロジェクトの成果物を作り出すプロセス（プロダクトプロセス）と同じぐらい力を入れて実施されるべきものといえます(**図3-5**)。

> **変更を管理する手順を作成したり、リスクを検討したりする
> プロジェクトマネジメントプロセスは、
> 成果物を生み出すプロセスと同様に重視しなければならない。**

プロジェクトの成功の定義がメンバーに伝わっていない

Situation

プロジェクトの始まりであるキックオフミーティングが終わり、プロジェクトメンバーや関係者がそれぞれ作業を開始する。今回のプロジェクトで作り出すもの（成果物）については全員知っているが、何をもってプロジェクトの成功というのかについては、何も考えていない。

失敗への道

　メンバーは自分たちが実施するプロジェクトで、何が成功であるのかについて説明を受けていないし、わざわざ考えもしません。スケジュール、コスト、品質全て大切であると、いつものように言われているだけでした。もちろんメンバーは、これらの聞きなれたセリフは格別気にもとめず、聞き流すだけです。

　実は、今回のプロジェクトは顧客との共同プロジェクトで、スケジュール通りに進めることよりも、顧客に納得してもらいながら進行する、プロセスそのものが最も重要でした。つまり、プロジェクトのプロセスを顧客と確認しながら進め、顧客が納得した形でプロジェクトを終えることが、プロジェクトの本当の成功だったのです。

　しかし、誰も成功の意味について考えていないため、顧客に十分な説明をするのは時間の無駄と考え、自分たちだけでどんどん先にプロジェクトを進めてしまいます。スケジュール通りにモノはできますが、顧客にとっては期待を裏切られた結果になります。そして、その企業は二度と同じ顧客から仕事を受注することはありませんでした。

成功への考え方

　上のケースは、プロジェクトのメンバーが成功の本当の意味を理解していなかったために正しい判断ができず、顧客への対応というキーポイントをないがしろにして失敗した例です。

　この失敗例では、メンバーはあまり悩まなかったようですが、実際にプロジェクトの作業にとりかかると、いろいろ判断に迷うことが生じてきます。このような時に、プロジェクトの成功とはどのような状態であるのかのイメージは、適切な判断ができるかどうかに大きく関係します。

　また、成功の状態が明確であることは、厳しい環境下でもプロジェ

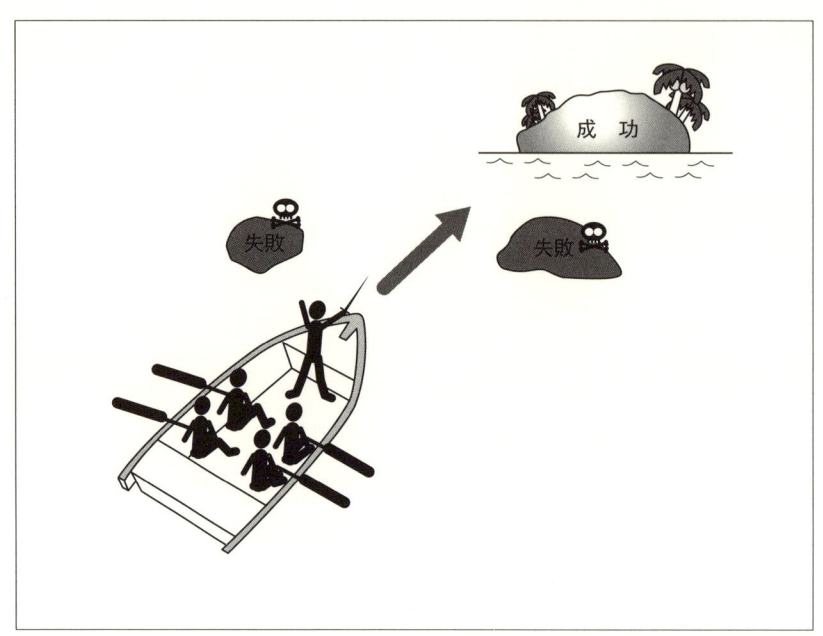

図3-6　目的地を知っているリーダー

クトメンバーのモチベーションを維持することにも役立ちます。
　プロジェクトマネジャーは、少なくともキックオフミーティングでプロジェクトの成功が何であるのかを、メンバーに説明して意識を統一しておかなければなりません(**図3-6**)。もし、自分自身が知らないのであれば、トップに確認する必要があります。また、折にふれて成功がどのような状態であるのかメンバーと話し合うことも重要です。このようにして、適切な判断ができる環境を作り出さなければならないのです。

> **成功の状態を明確に定義すれば、**
> **適切な判断を選択できるようになる。**
> **それはモチベーションの向上にも役立つ。**

作成したプロジェクトプランを見直さない

Situation

プロジェクトの初期には、会社で決められたフォームに従ったプロジェクトプランを形式的に作成した。しかし、プロジェクトが進行しても見直すことはないまま、プロジェクトが進んでいく。

失敗への道

　プロジェクトプランの作成は儀式的なもので、とりあえず作成し、上司に提出したらそれでいいとメンバーは考えていました。プロジェクトが進行しますが、プランの見直しが行われないので、役立つものではなくなります。

　例えば、プロジェクトのスコープ（仕事の範囲）が変わってもメンバーの役割が変わっていなかったり、リスクに関しても定期的な検討を行わないなど、プラン自体が現状のプロジェクトを反映していないため、誰も利用しなくなりました。せいぜい、プロジェクトの開始日と終了日、予算などを確認するくらいです。

　プランを利用していないため、プロジェクトの活動に対するコントロールが正確にできなくなります。プロジェクトマネジャーやプロジェクトチームは、適切な対応を迅速に行えません。そして、プロジェクトがだんだんと遅れてきたり、コストが予定より多く投入されているのに、なかなか気付かない事態に陥ります。

　その結果、プロジェクトマネジャーや上司、役員などはプロジェクトがどうしようもない状態になって初めて状況を知ることになりました。そして、何が間違っているのかなどを検討する余裕もないほど、プロジェクトの火消し作業に追われるようになります。プロジェクトはスケジュール、予算ともにオーバーになり失敗しました。

成功への考え方

　プロジェクトプランは、変更を前提として作成するものです。

　なぜなら、プロジェクトが最初の計画通りに進むなど、まずありえないからです(図3-7)。仮に計画通りにいったとしても、それは過去と同様なプロジェクトであり、環境の変化がほとんど起こらないで、なおかつラッキーだったという事実を意味するにすぎません。

　時間の経過とともに、プロジェクトをとりまく全ての事象は変化します。変化の流れを止めることは誰にもできません。私たちにできるのは、変化に適切に対応することだけです。

　もちろん、変更があるからといって、計画が不要になるわけではありません。たとえ後で見直すとしても、プランは最初に作成しなければなりません。プランがなければ、そもそもコストや納期のコントロールができないからです。プランなしでプロジェクトが成功したとしたら、それはコントロールなど何も必要としない、例外的なプロジェクトだったからです。

　プランなしでプロジェクトを遂行することは、航海するのに地図や

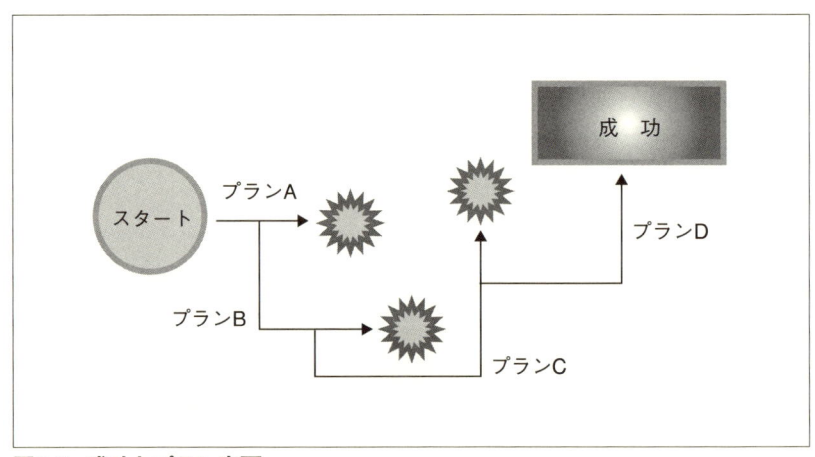

図3-7　成功とプラン変更

コンパス（羅針盤）を持たないで目的地に到達しようと試みるようなものです。そして、最適な航路をとれるようにプランは定期的に見直さなければなりません。

> 変更を前提にプロジェクトプランを作成し、定期的に見直す。

リスクマネジメントに興味のない プロジェクトマネジャー

Situation

「リスクマネジメントなどなぜ行う必要があるのか？」と、プロジェクトマネジャーは疑問に思っている。問題が発生しそうになれば、早急に対応してきた。それで今まで特に問題なくプロジェクトを遂行できた。このプロジェクトマネジャーが、今まで経験がない新規顧客のプロジェクトを担当することになった。

失敗への道

このプロジェクトマネジャーは、過去の経験に基づいてプロジェクトをどんどん進めていきました。リスクについては、今までの経験ですべて把握していると考え、特別な関心は持ちませんでした——「3年前に実施したプロジェクトとよく似たシステム開発で、異なるのは自分にとって初めての顧客であることだけだ。作り出す成果物が同じであれば、プロジェクトで行うことも同じだろう。」

ところが、プロジェクトが進んでしばらくすると、なぜか今回は予期しない問題が数多く出てきます。

今までの顧客は、どちらかというと自分たちに一任してくれ、結果がよければそれでよいという感じの顧客でした。作り出すシステムの

内容についても知識が豊富でした。しかし、今回の顧客は違います。システムに詳しい社員がほとんどいない上、変更をいとも簡単に出してきます。

これでプロジェクトの歯車が狂ってきます。プロジェクトメンバーの中には「今までにお付き合いしたお客さんは、こんな非常識な要求はしてきませんでした」などと顧客の前で口をすべらす者すら出てきます。

顧客との関係がこじれてきました。適切なコミュニケーションがとれなくなって、プロジェクトは納期遅延になります。追加費用を請求することになりましたが、当初の仕様に入っている、いないでもめ始めました。当然、プロジェクトは失敗です。

成功への考え方

通常、人間は慣性の法則のように、外部からのエネルギーが加わらないと方向を自ら変えるのは難しいものです。どうしても過去の経験をベースに考えてしまうのは、やむをえないかもしれません。今までリスクマネジメントを特に意識しなくてもプロジェクト遂行で困らなかった、切り抜けてこられたという過去の経験があると、どうしてもそれをベースにプロジェクトの遂行を行ってしまいます。

プロジェクトの成果物や環境、顧客、技術的事項などがほとんど同じであれば、リスクマネジメントに費やす時間は少なくてすむかもしれません。しかし、そんなケースでもリスクマネジメントは絶対に必要です。どのようなプロジェクトでも、リスクマネジメントは必ず実施すべきなのです。リスクマネジメントを実施しないでプロジェクトを遂行するのは、保険に入らずに車を運転するのと同じことです。

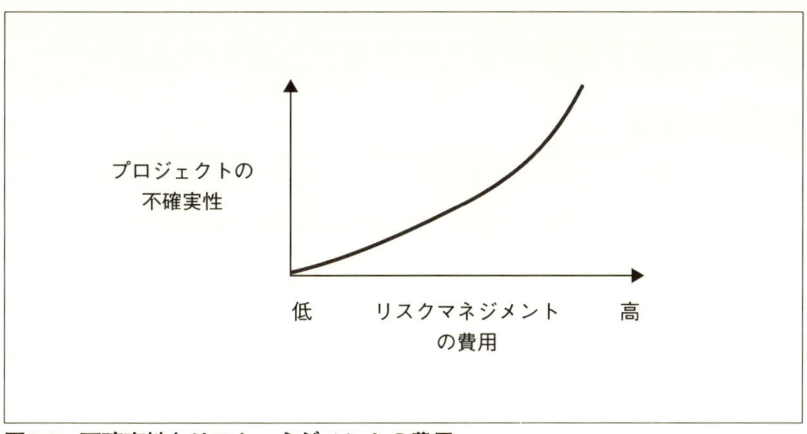

図3-8　不確実性とリスクマネジメントの費用

> リスクマネジメントは全てのプロジェクトで実施する。
> 特に、新しい環境の場合ほど念入りに行う。

　リスクマネジメントというと、難しそうに思えますが、基本的なステップは以下のように簡単です。これについては、第4章で事例を使ってもう少し説明することにしましょう。

1. リスクの識別（特定）
   プロジェクトでのリスクを洗い出す。
2. リスクの定量化
   そのリスクが発生した時にプロジェクトに及ぼす影響度と、起こると思われる確率をもとに、リスクを分類する。
3. リスク対応策の策定
4. リスクのモニタリング・コントロール

部門横断でのプロジェクト経験がないマネジャー

Situation

高度の技術と部門横断的な業務遂行の両方が要求される大規模なプロジェクトを実施することになった。技術力の高いA部長がプロジェクトマネジャーに任命された。A部長は、今まで部門横断型のプロジェクトの業務経験がない。

失敗への道

　技術力のぬきんでた部長経験者であれば当然、大規模な部門横断型のプロジェクトマネジャーもできるだろうと期待されていました。しかしA部長は、ライン業務での仕事の進め方と、部門横断型でのプロジェクトの進め方の違いを理解していませんでした。

　A部長は、ラインでのマネジメントはできても、多数の部署のメンバーで構成されたプロジェクトのマネジメントには向いていませんでした。ステークホルダー（利害関係者）に適切なコミュニケーションを実施しながら、プロジェクトを遂行していくことが得意ではなかったのです。さらに、A部長は技術の知識は豊富でしたが、プロジェクトマネジメントについて体系的なトレーニングを受けていませんでした。

　他の部署との調整やリスク対策などが不十分で、プロジェクトが次第に円滑に進まなくなります。いろいろな部門から集まってきたメンバーたちも、プロジェクトマネジャーのA部長に不信感を抱くようになります。そして、プロジェクト関係者は空中分解し、失敗プロジェクトへの道を突き進むことになりました。

成功への考え方

プロジェクトマネジメントは、通常のラインでのマネジメントとは異なるマネジメントの体系です。

大きな違いは、通常の会社でのマネジメントは、その組織や業務が半永久的に存続することを前提としているのに対し、プロジェクトマネジメントは終わることを目的としている点です。プロジェクトでは、終わりを常に視野に入れてプロジェクトを遂行する必要がありますし、メンバーに対するモチベーションまで考慮しなければなりません。

部門横断型のプロジェクトでは、出身母体も考え方も違うメンバー相手に、適切なコミュニケーションをとりながらプロジェクトを遂行する必要があります。リーダーとなるプロジェクトマネジャーは、プロジェクトマネジメントの体系的な知識と実務経験の2つを兼ね備えた人物であることが望まれます。

とはいえ、誰にでも「最初」はあります。プロジェクトマネジャーを初めて担当する場合は、プロジェクトの遂行に必要な体系的な知識を得るための、トレーニングが必要になります。適切なトレーニングなしでプロジェクトをいきなり担当させるのは、新兵に何の訓練も受けさせないで戦場の最前線に送り込むようなものです。

プロジェクトマネジャーに任命されることが、本人の希望と一致しているとは限りません。適切と判断する人材を、会社の上層部が選ぶのです。プロジェクトマネジャーには、必ずプロジェクトマネジメントに関する知識体系を身に付ける機会を与え、その原理原則を習得させるようにしなければなりません。

その上でさらに、プロジェクトのベテランをサポート役として配置してもよいでしょう。プロジェクトを成功させるのは会社にとっても望ましいことなのですから、会社もできる限りの支援を行うべきなのです(図3-9)。

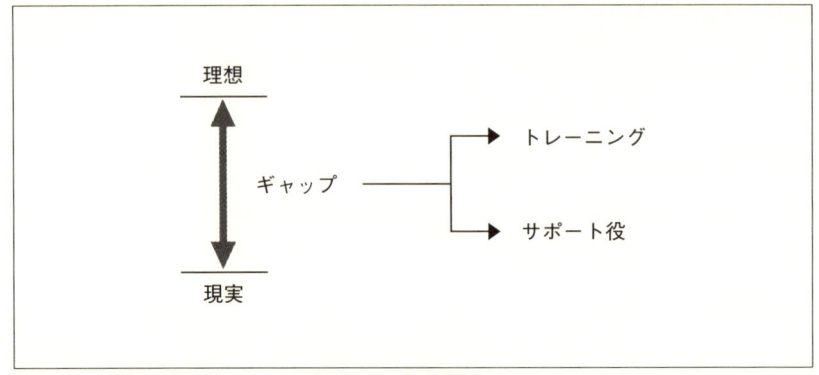

```
        理想
         ↑
         │      ┌→ トレーニング
         │ ギャップ ─┤
         │      └→ サポート役
         ↓
        現実
```

図3-9　会社もプロジェクトマネジャーを支援する

> プロジェクトマネジャーには、
> プロジェクトを実施するための実務経験と、
> プロジェクトマネジメントの体系的知識の、
> 両方が不可欠である。

　上記2つのどちらかが欠けている場合には、それを補う人材を配置してサポートさせる必要があります。

見積もりのミス

Situation

　今度のプロジェクトは、社内で経験がほとんどないプロジェクトだ。見積もり担当者は、過去に経験があるプロジェクトでの見積もりを参考に、設計費、開発費、検査費、オペレーション費用など成果物を作り出す作業を想定して計算していく。受注ができるように、予備費は入れないぎりぎりの線でコストを積算する。営業部は積算されたコストに利益分を加えて顧客に提出し、受注に成功する。

失敗への道

　見積もり担当者と営業部の担当者は、受注に成功してホクホクかもしれません。しかし、担当したプロジェクトマネジャーは、最初から守れないコストでプロジェクトを実施することになります。

　ほとんど経験がないプロジェクトであるため、予定していないコストの発生が起こりました。それは見積もりコスト項目にないため、すぐにその分がコストアップにつながります。また、会社からのサポートが予定した以上に必要だと後でわかり、多くの人員を投入することになりました。社内の他の仕事に支障がでてきます。プロジェクトマネジャーはプロジェクトの報告会でいつもしかられることになります。

　見積もり担当者は「トラブルがなければコスト内には納まるはずだ」と言い逃れようとしていますが、実際にはトラブルが次から次に出てきます。もともとコストが厳しいため安い外注先を選定するしかありませんでしたが、それも裏目に出ます。品質上の問題を引き起こし、やり直しで高いものについてしまいました。

　余裕がないために、雪だるま式に全てが悪いほうに向かっていったのです。

成功への考え方

　予備費は余分な費用ではありません。経験がなく不透明な部分や、予期しない事態に対応するためのコストなのです。

　受注するためにプロジェクトでのコストを安く見積もりすぎると、当然予算はオーバーしてしまいます。「問題がなければ」とか「順調に行けば」など楽観的に考えたくなりますが、何度もいうようにプロジェクトではトラブルは付き物です。特に、経験がないプロジェクトは不確実性が高いので、リスクの高い部類に属します。

そこで、不確実性をどのくらいコストとして見積もっておくのかが重要な問題になります。あまり多すぎると受注できないかもしれないからです。最終的には、そのプロジェクトの不確実性や重要度などを考慮して決める必要があります。

> **予備費は予期せぬ事態に対応するために必要なコストである。プロジェクトの不確実性や重要度に応じて見積もりに組み込む。**

　予備費はどのような根拠で、どの段階でコストに入れるのかという、ルールを決めておく必要もあります。ルールがないと、営業部は積算担当者が予備費を当然入れていると勝手に思い込んでしまうかもしれません。

　プロジェクトマネジャーは、プロジェクトをスタートする前に必ず以下の点を確認しておく必要があります。

- ▶実現可能であるのか
- ▶スコープは明確であるか
- ▶見積もりで見落としはないか
- ▶納期は現実的であるか

　不十分な見積もりや実現不可能な納期のような問題を見つけた場合には、プロジェクトにとりかかる前にトップに話をしておく必要があります。そうすることで、希望的観測ではなく、現実を直視した上でのプロジェクト遂行が可能になります。

　このように考えると、プロジェクトマネジャーは見積もり段階などのできるだけ上流工程から、プロジェクトに参加する方がよいといえます(図3-10)。

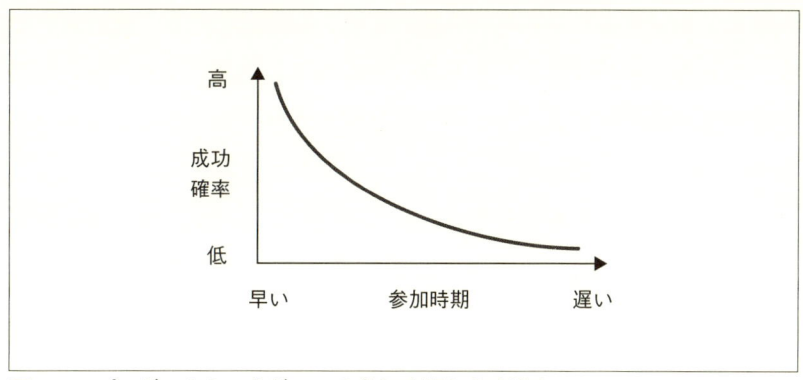

図3-10　プロジェクトマネジャーの参加時期と成功確率

プロジェクトを実施する会社間でプロジェクト遂行方法が異なる

Situation

今回のプロジェクトは複数の会社が共同で実施するプロジェクトである。しかし、仕事の進め方やプロジェクトの管理方法が不統一である。

失敗への道

各社それぞれの仕事の方法があるのは仕方がない——それが関係者の認識でした。特に何も考慮せずにプロジェクトを進めていき、問題があればその時に対応することにしました。

ところが一緒に仕事を進めていくうちに、想像以上の文化的な違いや、仕事を進める上での手続きの違い、プロジェクトマネジメントの成熟度の違いが各社間であることが判明します。しかし、プロジェクトの途中では目の前の仕事が忙しく、各社がもう一度全部集まって体制を建て直すことなど、とてもできる状態ではありません。

結局、何をするにもいちいち互いの違いを確認したり、対応策を考えたりしながらのプロジェクト遂行になりました。パフォーマンスは上がりません。プロジェクトが遅れ気味になり、コストも増える一方です。

　こうなると、もともとが寄り合い所帯の悲しさです。プロジェクト関係者間の責任のなすり合いやコンフリクト（衝突・摩擦）が多くなり、問題がさらに大きくなっていきます。

成功への考え方

　会社が異なれば、当然プロジェクトの進め方や文化的な違いなどは存在します。これらに関しては、プロジェクトの開始前か初期段階にすり合わせをしておかなければなりません。

　具体的には、プロジェクトに参加する会社のメンバーが集まり、次の項目を決めます。

> ▶プロジェクトの進め方のルール
> ▶プロジェクト遂行で使用する用語
> ▶プロジェクトマネジメントの考え方
> ▶役割分担と責任範囲
> ▶コミュニケーションのとり方

　ただ、事前のすり合わせだけでは十分ではありません。実際にプロジェクトを進めていく途中で新たにわかる問題もあります。定期的に上記の内容を確認したり、改定したりするためのミーティングを行います。このようにしてプロジェクトマネジメントの方法を調整しながらプロジェクトを進めることで、摩擦が解消され、全体のパフォーマンスは上がります。

> 複数の会社が関与するプロジェクトでは、
> 事前のすり合わせと遂行中の定期的な
> ミーティングが大切である。

　ミーティングで、どの会社のプロジェクトマネジメントが優れているのか、などと議論することに意味はありません。各社それぞれ、文化や遂行してきたプロジェクトの性質が異なります。ミーティングの目的は、プロジェクトマネジメントのやり方の統一や、今回のプロジェクトに適した新たなプロジェクトマネジメントモデルの作成です。共同でプロジェクトを遂行していく上で、それが必要だからです。

　標準的なプロジェクトマネジメントの体系的な知識やスキルを各社が持っているほど、「時間節約」という観点で統一されたプロジェクトマネジメントの実行が容易になり、成功の確率が上がります(図3-11)。

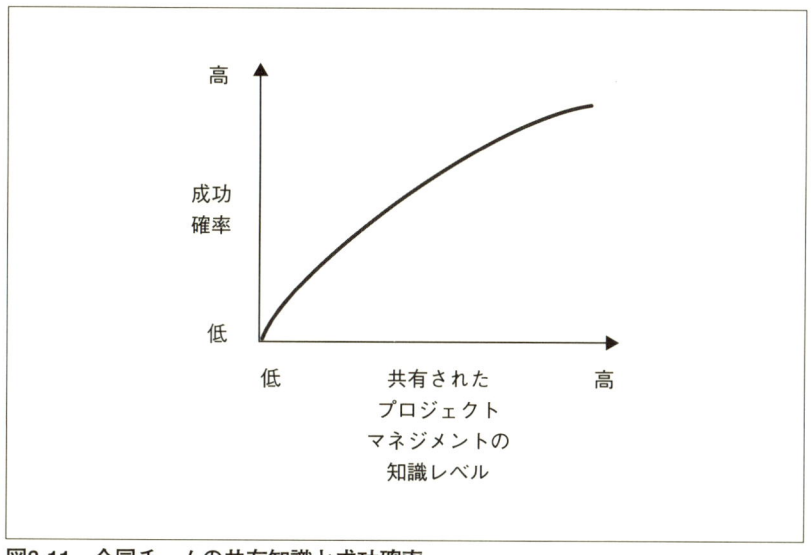

図3-11　合同チームの共有知識と成功確率

なし崩し的に広がっていくスコープ

> **Situation**
>
> プロジェクトが進むにつれ、プロジェクトの範囲が当初のものよりだんだん広がってくる。見積もり時点では考えていなかった範囲に関して、顧客から当然発注範囲であるはずだと要求が出て、仕事が増えていく。

失敗への道

受注時にプロジェクトの範囲が顧客との間で明確化されていなかったため、プロジェクトが進むにしたがって、「これもあれも当然、プロジェクトの範囲でしょう」と顧客から言われ、当初予定したより仕事量が増えてきました。見積もりに入っていないので、予定よりコストがかかります。納期も遅れ気味になります。

顧客はこうした要望は当初の発注範囲であると考えているので、追加費用を払う必要はないと考えています。また、納期の延長は顧客にとって大問題であるとして、認めてくれません。受注企業側は、予定より多くの仕事になったのだから納期の延長は仕方がない、と主張しますが、顧客は受注企業がスケジュール管理できていないからだといって譲りません。

このようなことの積み重ねで、だんだんと仕事の範囲が広がっていきました。結局、コストは予定の3倍にまで膨らみ、納期もまる1年延びてしまいました。受注企業は大赤字になり、納期遅延で顧客の信頼も失いました。

成功への考え方

少しずつではあるがなし崩し的にスコープ（プロジェクトの範囲）

が増えることを、スコープクリープと呼びます。上のケースのようにプロジェクトにおけるスコープを明確にしていないと、このスコープクリープには対応できません。どこからが当初の仕事の範囲で、どこからが追加作業であるのかがあいまいだからです。

　スコープをきちんと明文化し、必ずそれをベースにしてプロジェクトを計画しなければなりません。そして、プロジェクトを直接実施する担当者だけではなく、営業やトップ、顧客も含めて、スコープの認識を統一します。

　スコープクリープを完全になくそうとするのは現実的でありません。どこまでなら許容できるのか、どこから先は許容できないのか、何が追加の対象になったか、などを管理する変更管理を計画に盛り込んでプロジェクトを遂行するのが、現実的な線でしょう(**図3-12**)。

　スコープを明確にしてプロジェクトを進めるのは、受注した会社だけではなく、顧客にとっても最終的に利益をもたらします。そうした

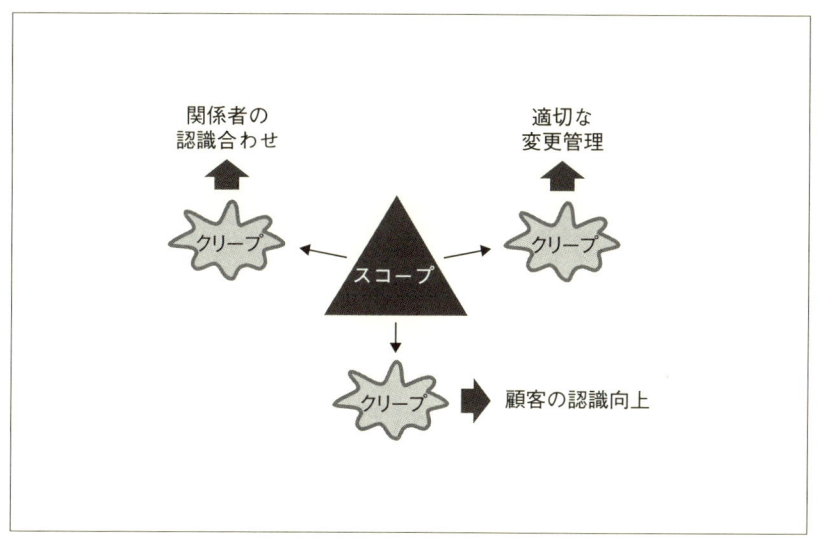

図3-12　スコープクリープの対策

ほうが成功の確率が高くなるからです。この点を顧客が理解できるように、説明しておきましょう。

> **スコープを明確にして、それを関係者の共通認識にする。**
> **スコープクリープをなくすのは無理なので、**
> **変更管理でそれに対処する。**

スコープ管理については、第6章でもう少し詳しく説明することにします。

第4章 プロジェクトの成功確率を上げるには
──失敗しないための環境づくり

　ここまで、プロジェクトの失敗パターンをたくさん取り上げ、成功に近づくために何ができるかをいろいろな角度から眺めてきした。読み進めながら、皆さんは次のように感じたかもしれません。「なるほど、もっともな意見だ。しかし、個人の力ではどうにもならないこともある。そのとおりやれと言われても、現実にうちの会社では難しいことが多すぎる。」

　確かにそのとおりです。個人の頑張りや能力に期待してプロジェクトを成功させようという考えは、正しいとはいえません。成功には、社風や企業文化といったものまで含めた、プロジェクトを取り巻く「環境」が関わってくるからです。

　前に述べたように、筆者は「絶対」という言葉が好きではありません。プロジェクトを「絶対」成功させる方法はありません。しかし、企業全体を通して見たとき、プロジェクトの成功確率を確実に上げる

ための、環境を作り上げることは可能です。この章では、それについて詳しく検討することにしましょう。

プロジェクトの成功確率を上げていくことは、当然ですが会社の利益向上や競争力向上につながります。昨今のように環境の変化が激しいと、新しい領域への挑戦や新商品開発など、従来にないプロジェクト型業務の割合が増えてきます。プロジェクトの成功確率の向上は、企業の勝ち残りのための必須の条件になってきています。

最初に結論を述べておきましょう。以下が、成功確率の向上のための重要な3要素です。

> ▶プロジェクトマネジメントを組織に導入する
> ▶PMO（プロジェクトマネジメントオフィス）を設立する
> ▶長期的な視点で人材を育成する

この3つについて、順番に考えていきましょう。

■「役立つ」からプロジェクトマネジメントを導入する

米国企業がプロジェクトマネジメントを本格的に採用し始めた時期は、1987年からの景気後退のころだといわれています。それは、より短納期・低コストで成果物をつくる必要性が高まり、なおかつ、顧客に対してよりソリューション志向でプロジェクトを実施しなければ、生き残れないという差し迫った理由があったからです。

「米国でプロジェクトマネジメントを利用し始めた会社で、やめたところ1社もない」と、プロジェクトマネジメントを体系化した米国の第一人者、ハロルド・カーズナー博士は話しています。筆者がその理由を本人にたずねたところ、「単に、役立つからです」と同氏は答

えてくれました。シンプルな答えですが、企業がプロジェクトマネジメントを導入する理由をうまく言い当てていると思います。

　企業にはいろいろな規則や標準がありますが、利用されているのは、それが役立つからです。役立つものは強制されなくても利用されます。逆に、役立たないものはいくら規則にしたとしても長続きしないものです。

　とはいえ、ただ導入すればプロジェクトがうまくいくものではありません。プロジェクトマネジメントの考え方や手法が、組織内でうまく機能するように環境を整える必要があります。ある会社でうまくいっている方法が、自分の会社でもうまく機能するとは限りません。なぜなら、会社によってプロジェクトの性質が異なる、会社の文化が異なる、プロジェクトマネジメントの成熟度が異なるなど、いろいろ理由があるからです。

プロジェクトマネジメントとは何か

　さて、プロジェクトマネジメントと通常のマネジメントでは、何が違うのでしょうか。

　通常のマネジメントは、組織が半永久的に続くという前提での手法です。それに対してプロジェクトマネジメントは「終了する」ことを前提として行われるものです。これは重要な違いです。すなわちプロジェクトは目的があり、終わりを前提とした活動といえ、「終わらなければならない」活動なのです(図4-1)。

　また、プロジェクトのメンバーは目的を達成するために組織されます。部門横断的に組織されたり、自社内に保有しない技術や人材は外部の力を借りたりすることになります。したがって、プロジェクトの関係者は多様になることもありますが、プロジェクトが期間限定の活

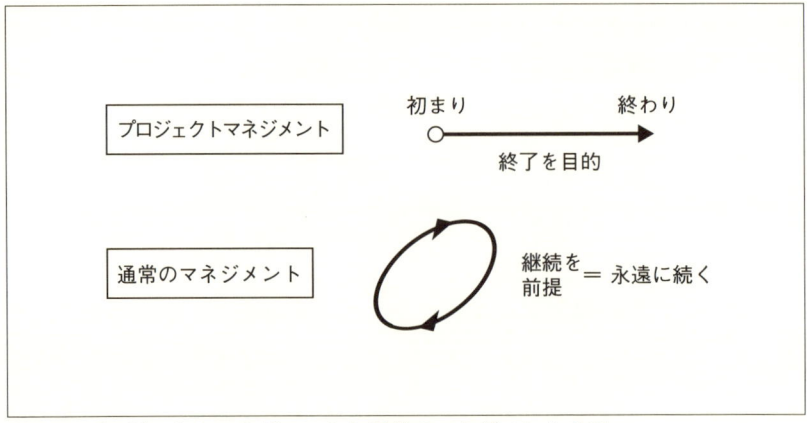

```
┌─────────────────────────────────────────────────┐
│                      初まり        終わり         │
│   プロジェクトマネジメント    ○────────────→      │
│                         終了を目的               │
│                                                  │
│                          ⟲                      │
│   通常のマネジメント      ○    継続を = 永遠に続く │
│                          ⟳    前提              │
└─────────────────────────────────────────────────┘
```

図4-1　プロジェクトマネジメントと通常のマネジメントの違い

動ですから、プロジェクトマネジャーも関係するメンバーもテンポラリー（臨時的）な関係にあるといえます。この臨時的な組織で実施されるプロジェクトを成功できるように行うのが、プロジェクトマネジメントといえます。

本来「利用するのが楽しい」もの

　PMI（米国プロジェクトマネジメント協会）はプロジェクトマネジメントを次のように定義しています。
　「プロジェクトの要求事項を満足させるために、知識、スキル、ツールおよび技法をプロジェクト活動に適用することである。」
　この定義はとてもシンプルで良いと筆者は感じていますが、定義自体をいくら暗記してもあまり意味がありません。大切なことは、私たちが実施するプロジェクトを成功できるように、プロジェクトマネジメントを利用することです。
　プロジェクトマネジメントは「プロジェクトを成功させるために必

要なノウハウ」であり、いやいや利用するマニュアルや手順書類ではなく、本来「利用するのが楽しい」ものなのです。

ただ、プロジェクトマネジメントといっても、経験の違いによりそれぞれの人が持つイメージは異なります。そこで、現在言うところのプロジェクトマネジメントとは何であるのかについて、もう少し見てみましょう。

伝統的プロジェクトマネジメントとモダンプロジェクトマネジメント

プロジェクトマネジメントが手法として体系的に整理されてきたのは1960年前後ですが、1990年以降、その意味合いが大きく変化しています。そこには、米国の1897年～1993年の景気後退期間に、企業が生き残りをかけてプロジェクトマネジメントを進化させてきた、という背景があります。また、伝統的なプロジェクトマネジメントでは、今日のような環境の変化の激しいプロジェクトを成功に導くのが難しいという理由もあります。

現在言うところのプロジェクトマネジメントは「モダンプロジェクトマネジメント」と呼ばれ、伝統的なプロジェクトマネジメントと区別されます(図4-2)。

伝統的なプロジェクトとは、コスト、納期、品質を中心にマネジメントすることです。一方、モダンプロジェクトマネジメントとはそれらに加え、リスク、チームのパフォーマンス、スコープ(プロジェクトの範囲)などを統合的にマネジメントしていこうとするものです。

伝統的プロジェクトマネジメントを経験してきた方は、プロジェクトマネジメントというと、大規模で長期間のプロジェクトというイメージを持つかもしれません。現在は、プロジェクトマネジメントの適

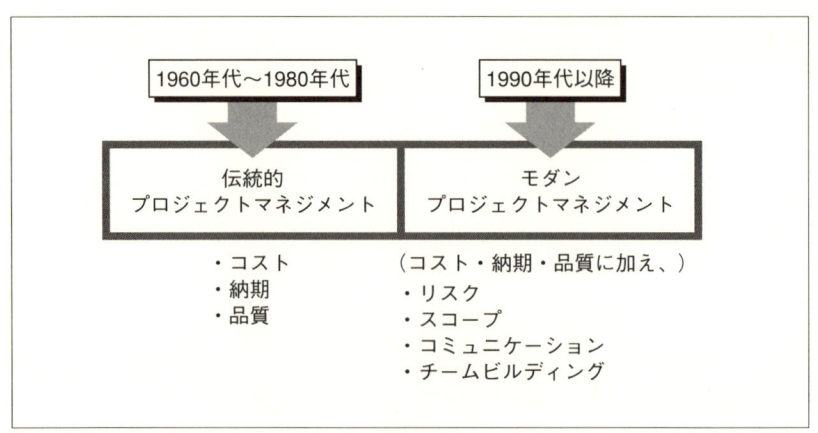

```
┌─────────────────────────────────────────────────┐
│   1960年代～1980年代        1990年代以降          │
│         ↓                      ↓                │
│    ┌─────────┐            ┌─────────┐           │
│    │  伝統的  │            │  モダン  │           │
│    │プロジェクト│            │プロジェクト│         │
│    │マネジメント│            │マネジメント│         │
│    └─────────┘            └─────────┘           │
│     ・コスト              （コスト・納期・品質に加え、）│
│     ・納期                 ・リスク              │
│     ・品質                 ・スコープ            │
│                           ・コミュニケーション    │
│                           ・チームビルディング    │
└─────────────────────────────────────────────────┘
```

図4-2　プロジェクトマネジメントの質的変化

用範囲も増え、規模に関わらずどのようなプロジェクトでも利用されるようになっています。

プロジェクトサイズと成功確率

　ここからは、プロジェクトマネジメントの導入をどのように進めていくかを考えていきます。

　まず、プロジェクトのサイズと成功確率との関係、という問題に目を向けてみましょう。サイズはプロジェクトの金額と考えてよいでしょう。

　サイズが大きくなれば大きくなるほど、プロジェクトの成功確率は低くなる傾向があります。これは自然に納得できます(**図4-3**)。ただ、面白いことに、失敗する確率が急激に上がる金額はそれぞれの会社ごとに異なります。

　例えば、2000万円以上のプロジェクトになると急に失敗することが多くなる会社もあれば、2億円以上で急に採算が悪化したり、納期遅

延が生じたりする会社もあります。逆に言うと、2000万円より少なければプロジェクトをコントロールができる会社と、2億円までであればコントロールができる会社が存在するということです。

これは、どういう理由によるのでしょうか。

プロジェクトが大きくなればなるほど、プロジェクトに関係する人の数も増えます。外部業者を利用する割合も多くなります。つまり、その会社で通常実施しているプロジェクトより、多くの人員が投入されたり、他部署のメンバーや外部業者が参加したりする割合が大きくなります。

その結果、いつも実施しているプロジェクトと比べ、より複雑になったり、コミュニケーションをとりにくくなったりします。通常実施しているマネジメント方法でコントロールできる限界を、超えているということです。そうなると、プロジェクトのサイズや複雑性、新規性を考慮した、新たなプロジェクトマネジメントの方法を適用する必要が出てくるのです。

また、大規模になればなるほど、顧客や関係者にとってもプロジェ

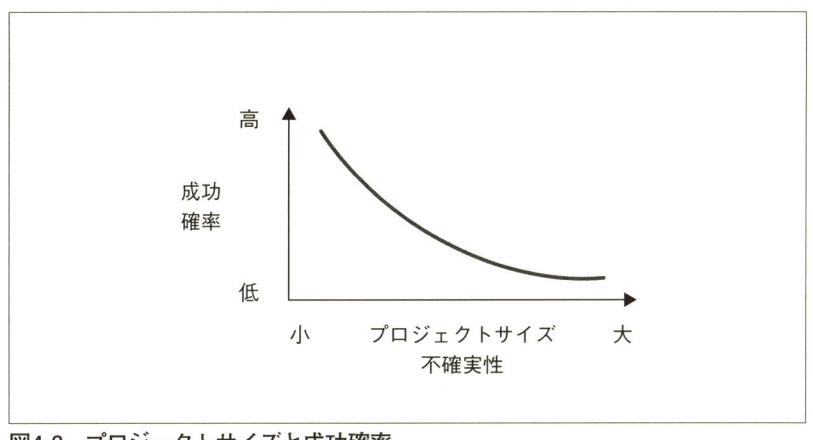

図4-3　プロジェクトサイズと成功確率

クトに関する理解不足が起こりやすい傾向があります。プロジェクトの成果物が納期内で完成しないなどの失敗が起こります。それは受注した企業にとってのコスト増というだけでなく、顧客にも大きな痛手になるものです。

では、どうしたらよいのでしょうか。失敗を防ぐ方法は3つしかありません。

> ▶大規模なプロジェクトを受注しない
> ▶プロジェクトサイズを小さくして受注する
> ▶大規模でも対応できるプロジェクトマネジメントを利用する

会社が発展していくには、大規模なプロジェクトを受注しないと決めるのは賢明ではないでしょう。

プロジェクトサイズを小さくして、すなわち分割して受注する方法は可能です。大規模なプロジェクトをいくつかのフェーズに分け、顧客との契約をコントロールができる範囲に抑えるわけです。ただ、これには顧客の同意が必要であり、顧客が分割を希望しない場合には、サイズが大きいプロジェクトでも対応できる必要があります。

以上はサイズの大きさでしたが、社内での経験があまりないもの、つまり不確実性が高くなる場合でも、成功する確率は小さくなる傾向があります。

プロジェクトをサイズと不確実性で検討

そこで、プロジェクトマネジメントの導入に関して次の2点からの検討を行います。

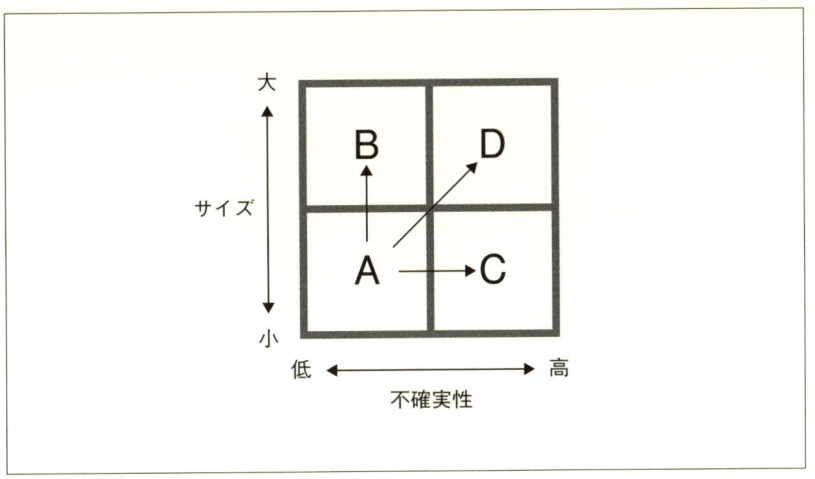

図4-4　プロジェクトの分類

> ▶プロジェクトのサイズ
> ▶不確実性

具体的には、以下のような手順を踏みます。

STEP1：プロジェクトの分類

社内でのプロジェクトをプロジェクトのサイズと不確実性から4つに分類します(図4-4)。サイズはプロジェクトの金額の大きさでとらえ、不確実性は実施するプロジェクトの経験が会社組織内にどのくらいあるかや、顧客との関係(新しい顧客かどうか)などで判断します。

STEP2：適用方法の検討

4つに分類した各ゾーンの考え方は次のとおりです。表4-1はこれをまとめたものです。それぞれに対し、プロジェクトマネジメントの適用方法を検討します。

ゾーンA：プロジェクトの失敗確率は高くないと思われる。プロジェクトマネジメントの適用はシンプルに実施し、できるだけ簡素化する。

ゾーンB：プロジェクトの内容は把握できているが、規模が大きいために失敗した時の会社組織に対する影響が大きい。したがって、社内で通常使われているプロジェクトマネジメント方法を広範囲に確実に実施する。

ゾーンC：会社組織で経験がない部分が多いため、リスクマネジメントに注力したプロジェクトマネジメントを実行する。

ゾーンD：最もリスクが大きいプロジェクトであり、失敗の確率や組織への影響度が非常に高い。そのため、柔軟なプロジェクトマネジメント方法を構築し、適用する必要がある。

STEP3：適用方法の構築

　STEP2の結果を会社組織内でフィードバックしていき、ゾーン別にプロジェクトマネジメント適用方法の構築を行います。

　会社として最も注力しないといけないのは、ゾーンDのプロジェクトです。

　昨今のように環境の変化が激しい中では、ゾーンDのプロジェクトが多くなっています。リスクの高いプロジェクトで有効なプロジェクトマネジメント方法の構築が必要になります。ゾーンAで有効であったプロジェクトマネジメントがゾーンBやC、特にゾーンDでは役に立たない可能性は高いといえます。

表4-1　各ゾーンのプロジェクト

ゾーン	プロジェクトの性格
A	会社で通常処理しているプロジェクト
B	規模が大きくなったプロジェクト
C	不確実性が高いため先が読みにくい、即ち不透明性が高いプロジェクト
D	不透明性も規模も大きく、会社にとって最もリスクの高いプロジェクト

またゾーンDでは、従来のゾーンAで成功したプロジェクトマネジャーが必ずしもプロジェクトを成功に導けるとは限りません。プロジェクトマネジャーのスキル向上と同時に、会社のサポートが必要になります。

いずれにせよ、会社を長期的に発展させていくには、ゾーンDでのプロジェクトにも対応できる仕組み作りが不可欠になります。

競争力のあるプロジェクトマネジメントの導入

プロジェクトマネジメントを競争力として利用するには、戦略的にプロジェクトマネジメントを組織内に導入し、さらにそれを定着させていく必要があります。

この場合のキーワードは次の3つです。

> ▶会社（組織）の文化
> ▶トップダウン
> ▶戦略的進化

それぞれについて順番に検討していきましょう。

全社的に利用しようとする文化が必要

　会社の文化がプロジェクトの遂行に影響を及ぼすことについて、考えてみることにします。会社の文化、社風は社員の行動に大きな影響を及ぼします。

　例えば、リーダーシップ研修を受けてきた社員がリーダーシップを発揮できるかどうかは、会社の社風に大きく関係します。迅速な意思決定を行いたいと考えても、全ての行動や意思決定に上司の承認が必要であると、その分行動に制限がかかり、時間がかかることになります。リーダーシップを発揮できない環境ではいくら研修を受けても、リーダーシップを発揮することはできないものです。

　逆に、積極的に行動することを歓迎する文化が社内にあれば、研修の成果を十分に生かせるでしょう。

　このように会社の文化は行動に影響を与えます。

　プロジェクトの成功に関しても、同じことがいえます。プロジェクトをサポートしようと関係者が協力する文化、プロジェクトマネジメントを全社的に利用する文化を作り出すことが必要不可欠なのです。プロジェクトマネジメントは、プロジェクトマネジャーだけが知っていれば十分である、というものでは決してないのです。

　プロジェクトメンバー、部長などのラインマネジャー、関係部署、そしてトップも基本的な原理原則は知っておくべきです。「プロジェクトは、臨時的な活動なので、プロジェクトマネジャーとメンバーだけに任せればいいんだ」という文化ですと、規模が大きい場合や、新規顧客や外部との合同プロジェクトのように、通常と異なるプロジェクトを行うときには、ほころびが大きくなります。前章で見たように、それは失敗の原因になります。

　例えば、前章で見たようにスコープ（プロジェクトの範囲）や変更

管理に関することは、プロジェクトマネジメントで重要な要素です。しかし、いくらプロジェクトチームがその重要性を知っていても、顧客と最初に接触する営業部の人が知らないと、顧客、営業部、プロジェクトチーム間の共通の理解のもとにプロジェクトを進めることができなくなり、問題が生じてきます。結果として、それが大きな損害に結びつくことになります。

ボトムアップではなぜダメなのか

　プロジェクトをサポートする文化、プロジェクトマネジメントを利用する文化を迅速にかつ効果的に作り上げるには、トップダウンでことを進める必要があります。

　では、ボトムアップではダメなのでしょうか。

　意思決定に関しては、日本は主にボトムアップ型であり、米国はトップダウン型とよくいわれます。実際には、優れた日本の会社では両方をうまく取り入れた形になっています。

　プロジェクトマネジメントの普及に関しての取り組み方は、どちらの場合もあります。プロジェクトを遂行する責任者がプロジェクトマネジメントの有効性を感じてトップに説明し社内展開する場合と、トップが自ら必要性を感じて取り組みが始まる場合とがあります。このように、始まりはトップからでも現場からでもかまいませんが、社内へ広く普及させ、展開し、組織へ定着させるスピードを考えると、トップダウンであることがどうしても必要です (図4-5)。

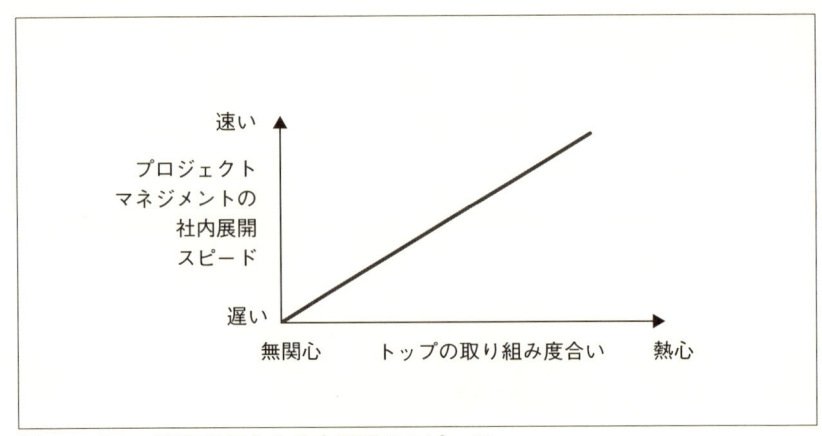

図4-5　トップの取り組みと社内展開のスピード

トップダウンは会社の意思表示

　トップダウンは、トップだけに任せるという意味では当然ありません。会社としての意思表示を行うことを意味しています。

　プロジェクトマネジメントを効果的に利用するには、プロジェクトマネジャーと部長のようなラインマネジャーとの、新しい関係も必要になります。例えば、プロジェクト型の企業でない場合、プロジェクトマネジャーは臨時的にパワー（権限）を与えられたマネジャーとして仕事を請け負う立場であり、社内でのパワーがラインマネジャーと比較すると小さいことが少なくありません。このような環境では、プロジェクトマネジャーがいくらプロジェクトマネジメントを社内で定着させようとしても、変化を押しとどめようとするマネジャーの抵抗に遭うことになります。

　抵抗が全くないようだと変化とはいえませんから、抵抗があること自体は当然といえます。大切なのは、抵抗があるかどうかではなく、会社にとって必要かどうかの判断であり、必要と判断したのなら、実

行に移すトップのリーダーシップです。いくら現場が頑張っても、トップの理解と協力なしではプロジェクトマネジメントの普及は難しいのです。プロジェクトマネジャーは今日、明日のプロジェクトのことを心配しています。会社の将来を考えるのはトップの仕事です。

　プロジェクトマネジメントを定着させるのに必要な推進は、トップとプロジェクトマネジメントを理解する現場代表の組織が共同して行うのも良い方法でしょう。プロジェクトマネジメントを会社内で定着させること自体、1つのプロジェクトといえます。

プロジェクトマネジメントの戦略的進化

　さらに、いったん導入した後、どのようにしてプロジェクトマネジメントを定着させていったらよいのでしょうか。また、短期間で定着させるのは可能でしょうか。

　プロジェクトマネジメント力を一夜にして業界一であるとか、日本一、世界一にすることは不可能です。生まれたての赤ちゃんを次の日にいきなり大人にしてしまうようなものです。時間が必要になります。

　ただし、単に放任していては成長していきません。プロジェクトマネジメントを自然の成り行きで進化させていくと、かなり遅いペースになったり、途中で挫折したりする可能性があります。プロジェクトマネジメントの導入・定着に際しては、戦略的に進めていく必要があるのです。ここでの「戦略的」とは、長期的で計画的な視点を意味しています。

　会社経営でのプランニングのように、プロジェクトマネジメントの導入・定着もプランニングが必要になります。どのような方向に進めていくのか、そのためにどのような行動をとったらよいのかを決める必要があります。次のような内容を明確にしてプランニングを行う必

要があります。

> ▶ どのようなプロジェクトをまず対象にするのか
> ▶ どのようなステップで進めていくのか
> ▶ どのような組織で対応するのか
> ▶ 予算はどのようにするのか

　これをまったくの白紙から行おうとすると、検討に時間がかかります。そのため、モデルを利用することを筆者は勧めています。

PMMM（プロジェクトマネジメント成熟度モデル）とは何か

　プロジェクトマネジメントを会社内で着実に進化させていくには、どのようにしてプロジェクトマネジメントを進化させていくかのロードマップが必要になります。そのために利用されるのが、PMMM（プロジェクトマネジメント成熟度モデル）と呼ばれるものです。

　プロジェクトマネジメントに関する成熟度モデルは、いろいろな専門家により提案されています。これらは、組織としての方向性を示すサンプルとして捉えることが大切です。絶対に守らなくてはならないものではありませんが、参考になります。こうしたモデルを参考にして、自分の会社にとって最適なモデルを作り出すことが、プロジェクトマネジメントでの優位性を勝ち取るのに重要です。

　筆者が今のところ優れていると感じているのは、ハロルド・カーズナー博士が提示している成熟度モデルです（図4-6）。このモデルは、同氏の米国におけるコンサルティングの経験から生み出されたもので、プロジェクトマネジメントの成熟度を次の5段階に分けています。

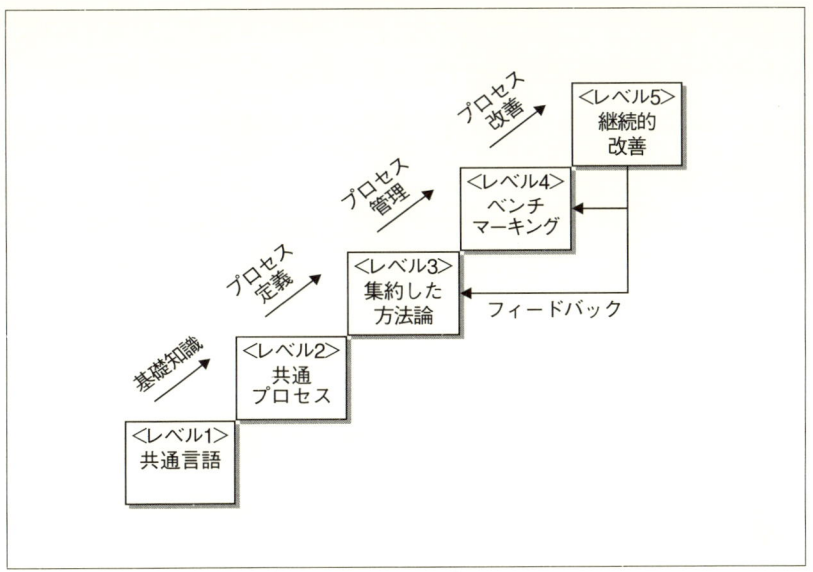

図4-6　プロジェクトマネジメント成熟度モデル

> レベル1：共通言語（Common Language）
> レベル2：共通プロセス（Common Processes）
> レベル3：集約した方法論（Singular Methodology）
> レベル4：ベンチマーキング（Benchmarking）
> レベル5：継続的改善（Continuous Improvement）

　レベル1は、組織がプロジェクトマネジメントの重要性と基礎知識の必要性をやっと認識した状態で、具体的に何もプロジェクトマネジメントに投資していません。

　レベル2は、プロジェクトが繰り返し成功できるような共通のプロセスの必要性を認識し、プロジェクトマネジメントの原理原則を応用できる状態です。

　レベル3は、組織内での複数のプロジェクトマネジメント手法を1

つの中心的なプロジェクトマネジメント手法に集約する効果を認識する状態です。ここまでに到達するのが一番難しいレベルです。

レベル4は、プロセスの改善が優位性のある競争力を維持するのに必要であることの認識を持つ状態です。

レベル5は、ベンチマーキング（優良と思われるものを目標として現状との差を比較し、改善を行う手法）による継続的な改善を行う状態です。

進化がなければ競争的優位性を保てない

プロジェクトマネジメントを導入し、進化させていく時に考えるべきことは、いかにして競合他社より先にプロジェクトマネジメントを進化させていくかです。優れたプロジェクトマネジメントは、会社組織にとって良いものだけではありません。顧客にとっても役立つものです。

プロジェクトを体系的な手法できちんとマネジメントできる会社は、進捗管理、リスク、変更管理やスコープ管理などがきちんとできるという安心感を顧客に与えることができます。特に顧客がプロジェクトマネジメントについて詳しい場合は、こうした点がとても重要視されます。他社より優れたプロジェクトマネジメント手法を実施できるように常に進化させていくことが、他社に対する競争的優位性を持つ上で不可欠な時代になったといえます。

まずは基本的な原理原則と用語を社内で共有する

成熟度モデルのレベル1からレベル2に向かうのには、何をしたらよいのでしょうか。

まずは、プロジェクトマネジメントの基本用語を使って業務を遂行していくようにするのが先決です。例えば、「今度のプロジェクトでのステークホルダーを特定しよう」とか「リスク対応策の策定をしよう」などといったときに何を意味しているのか、あるいは何からそれにとりかかったらよいのかなどについて、関係者が理解できるようになることです。

もし、基本的な言語が通用しないと、知らない人にそれを説明しなくてはならないため、プロジェクトチームのパフォーマンス低下につながります。社外との共同プロジェクトでは、プロジェクトマネジメントに関する基本用語は当然、共通語になります。共通語がないと、合同チームのパフォーマンスが高くなるのに時間がかかることになります。

Column

ステークホルダーとは

　例えば、プロジェクトの開始時点で「今度のプロジェクトの遂行に関するステークホルダーを特定しよう」とリーダーが話したとき、このステークホルダー（stakeholder）とは、プロジェクトの遂行で良い影響でも悪い影響も関係する利害関係者や組織のことを指します。

　PMBOKでは、代表的なものとしてプロジェクトマネジャー、プロジェクトチーム、顧客、スポンサー、会社組織などを挙げていますが、プロジェクトによりさまざまなステークホルダーが存在します。

　ステークホルダーをリストアップすることは、プロジェクトの進行に関して、意思決定に誰が関与するかや、チームが対応する内容を検討することに役立ちます。

　このステークホルダーという意味がわからないと、それについての説明からスタートしなければなりません。

PMBOKを学びPMPに挑戦しよう

　スキルの高い人がプロジェクトをリードするケースは少なくありません。しかし、いくら技術的スキルが高くても、プロジェクトをどう進めていくかの体系的知識がないと、プロジェクトをリードする、すなわちリーダーシップを発揮することはできません。プロジェクトマネジメントのトレーニングを関係者に実施することが先決です。

　それには、まず国際的なデファクトスタンダードとも呼べるPMI（米国プロジェクトマネジメント協会）のPMBOK（プロジェクトマネジメント知識体系）を学習するのがよいと筆者は思います。また、同じくPMIが認定する国際資格であるPMP（プロジェクトマネジメントプロフェッショナル）という資格取得に挑戦するのもよいでしょう。

　資格取得のための勉強は、短期間に知識を習得するのに役立ちます。会社の施策の1つとして取り組み始めている企業もあります。2001年に筆者がデトロイトのゼネラル・モーターズ社（GM）を訪問したとき、同社のIT部門ではPMP資格取得が義務付けられており、資格の取得がプロジェクトの責任者になる必要条件になっていました。日本でも会社単位で取り組んでいる企業が増えてきています。

プロジェクトマネジメントの標準化

　標準と聞くと、なんだか形式的なもので役立たないと感じるかもしれませんが、プロジェクトを成功させる確率を上げるためには、プロジェクトマネジメントの標準化は必要不可欠なことです。

　もしプロジェクトごとに一からプロジェクトマネジメントの進め方を計画しないといけないとすると、計画者のスキルに大きく依存するものになるうえ、時間がかかりすぎます。顧客に対しては、担当者ご

とにプロジェクトの進め方が変わるという印象を与えてしまいます。

　新しくプロジェクトマネジャーに任命された、または十分経験がないプロジェクトマネジャーにとっても、標準的なプロジェクトマネジメント手法は計画を立てるのに役立ちます。

　ここで考えておく必要があるのは、プロジェクト関係者が利用したくなる実用的な標準手法を確立することです。

　もし、会社が勝手に決めた形式的なものであると社員が考えると、その標準化は何も意味を持たないものになります。逆に、良いプロジェクト計画を立てるのに邪魔になるかもしれません。関係者が利用したくなる実用的なプロジェクトマネジメント手法であれば、一からの計画に比べ、時間を格段に減少させることができ、利用したくなるものです。

　加えて、常に進化させる、つまり改善していくことが重要です。それがなければ、役立たないようになるのは時間の問題です。プロジェクトを取り巻く環境を含め、いろいろなものは変化しているからです。

　これは、私たちの身の周りにある標準書類を想像すればわかります。時々、会社で10年以上前の業務マニュアルが見つかることがあります。しかし、これを使う人がいるでしょうか。十数年前には役立ったであろうそのマニュアルは、現在は古くて使い物になりません。パソコンやEメールがなかった時代のマニュアルは、当時どんなに優れていたとしても、現在では役に立ちません。標準は、常に変わることを前提に作られなければなりません。

　標準化でのポイントをまとめると、次のようになります**(図4-7)**。

- ▶変更しやすいシステム化
- ▶必要な人が容易にアクセス可能である（インターネットなど）
- ▶プロジェクトの実務経験者のインプットを行う
- ▶プロジェクトの成功や失敗のノウハウが蓄積できる

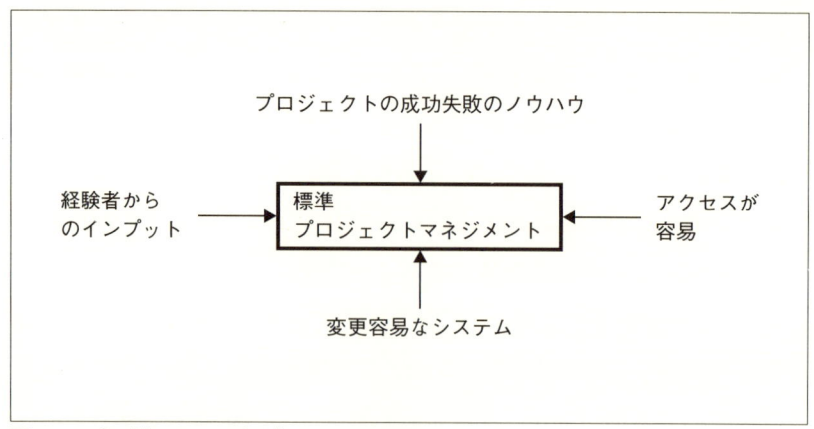

```
                    プロジェクトの成功失敗のノウハウ
                              ↓
  経験者から        ┌──────────────┐      アクセスが
  のインプット  →  │   標準       │  ←   容易
                    │ プロジェクトマネジメント│
                    └──────────────┘
                              ↑
                      変更容易なシステム
```

図4-7　プロジェクトマネジメントの標準化

リスクマネジメントの基本的プロセス

　さて、この辺でプロジェクトマネジメントの重要な要素の1つであるリスクマネジメントを例として取り上げ、具体的に何をするのかを見てみましょう。

　リスクとは、それが発生した時に、プロジェクトに対して影響を与えるものを指します。この場合の影響として、悪い影響と良い影響の場合の2つと定義される場合がありますが、一般的な意味での悪い影響で考えても差し支えありません。

　リスクは大きく純粋リスクとビジネスリスクに分かれます。

　純粋リスクとは、地震、交通事故、戦争など悪いことしか発生しないものを指します。それに対してビジネスリスクは、うまくいくと利益につながり、失敗すると損失につながるリスクのことです。

　例えば、システム開発で新しい技術を採用し、成功すると大きなコストダウンになるが、その技術に問題があるとやり直しのためプロジェクトの納期が遅れる、といった場合などでの新技術の採用は、ビシ

```
       Step 1          Step 2          Step 3          Step 4
    ┌────────┐     ┌────────┐     ┌────────┐     ┌────────────┐
 ┌─▶│リスクの識別│───▶│リスクの定量化│───▶│リスク対応策 │───▶│モニタリング、│─┐
 │  └────────┘     └────────┘     │の策定   │    │コントロール │ │
 │                                 └────────┘    └────────────┘ │
 │                        定期的に実施                           │
 └──────────────────────────────────────────────────────────────┘
```

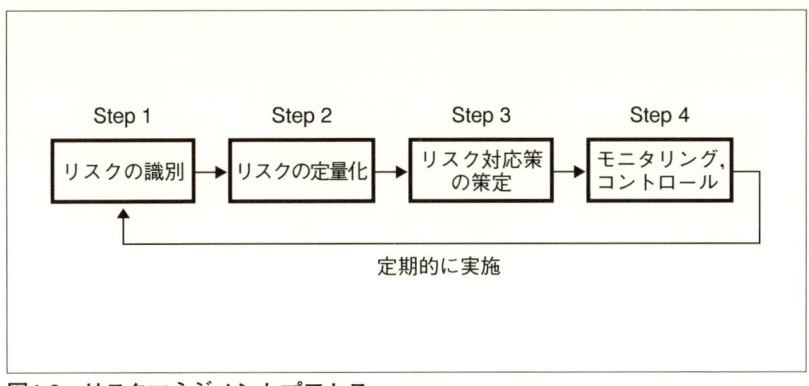

図4-8　リスクマネジメントプロセス

ネスリスクに相当します。

リスクマネジメントの基本的な手順は**図4-8**のとおりです。

STEP1：リスクの識別（特定・洗い出し）

プロジェクトで予想されるリスクをリストアップします。

STEP2：リスクの定量化

リスクが発生すると思われる確率とそれが発生した場合の影響度から、リスクに点数を付けます。優先順位を検討したり、対策を決めるたりするための基準となります。

STEP3：リスク対応策の策定

STEP1で洗い出した各リスク項目に関して、以下のいずれかの対策を検討します。

> ▶回避（リスクを避ける）
> ▶軽減（発生確率、影響度を下げる）

> ▶転嫁（第三者とリスクを分担する）
> ▶保持（何もしない。ただし、リスクが発生した後の対応計画を作成する積極的保持と、発生したときに対応を考える消極的保持がある）

STEP4：リスクのモニタリング（監視）・コントロール

STEP 3でのプランが有効であったのか、想定したリスクは発生したのか、新しいリスクはないのかなどを、定期的にプロジェクトが終了するまで再検討します。

また、リスクの識別でリストアップされなかったリスクもあります。これに対応することも、コントロールのプロセスになります。

入試で体験しているリスクマネジメント

皆さんの多くは、今までの人生で大変大きなリスクへの対応を迫られた経験をお持ちでしょう。それは入学試験のときのリスクです。この身近な例を使って、リスクマネジメントの手順を説明してみましょう。皆さんは、ソフト開発の勉強をしたいので、A大学のコンピュータ学部を受験するとします。

リスクの識別（洗い出し）

受験ですから、最大のリスクはA大学に入学できないということになります。思いつくリスクを列挙してみましょう。

①合格レベルまで学力が到達しない。
②試験当日、雪で電車が止まり遅刻する。

③試験当日、風邪を引き実力がだせない。
・・・・・・

リスクの定量化

上記の3つに関して定量化をします。

①合格レベルまで学力が到達しない——今までの模試の結果から確率は高く、影響度も大きい。

②試験当日、雪で電車が止まり遅刻する——過去10年、雪で電車が止まったことがないので、確率は低いが、影響度は大きい。

③試験当日、風邪を引き実力がだせない——時々風邪を引くため、確率は中で影響度も中とする。

以上をリスクの確率と影響度を軸としたマトリックスにします (図4-9)。この図はリスク評価マトリックスとも呼びます。

対応策の策定

①に関し、塾に行くことで学力を上げる方法をとるとしたら、これ

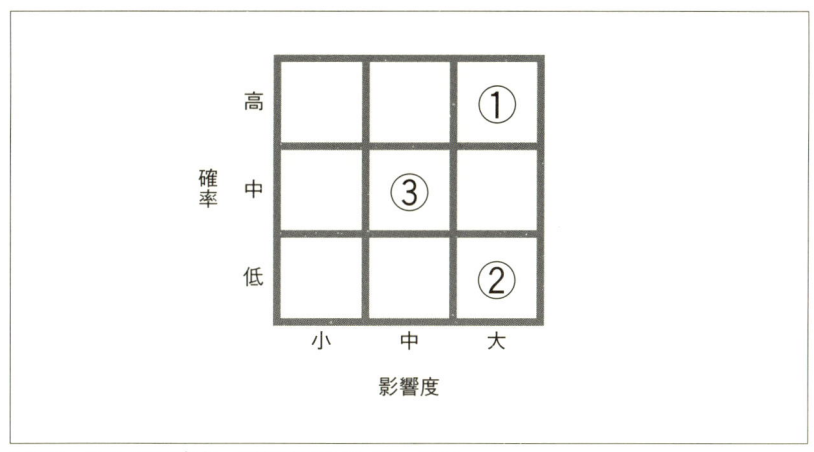

図4-9 リスクの確率・影響度のマトリックス

はリスクの発生確率を下げるので、リスク軽減になります。

　ただし、リスクはゼロにはできません。つまり、学力が合格レベルまで上がらないで不合格になる可能性は残ります（残余リスク）。そこで、さらに検討することにします。ここで大切なことは、プロジェクトの目的を明確にすることです。目的により対策は変わります。

　A大学のコンピュータ学部に行くこと自体が目的であれば、試験に不合格の場合には、予備校に行くなどして再受験に備えることになります。すなわち、残余リスクに対しては保持になります。一方、コンピュータを学ぶこと自体が目的であれば、B大学も滑り止めで受験しておくという対策を選べます。すなわち、残余リスクに対してはリスクの軽減になります。

　②の対策として、試験会場の近くのホテルに泊まり電車に乗らないのであれば、リスクの回避になります。また、早めに電車に乗り、会場にむかうのであればリスクの軽減になります。

　③の対策として、リスクの影響度や確率を減少させる方法を何も行わないのであれば、リスクの保持になります。

　また、風邪を引いた時に初めて対策を考えるのはリスクの消極的保持と呼び、風邪薬を事前に準備しておくことはリスクの積極的保持になります。

　このように、リスクの対策を考える上では、関係者の間でプロジェクトの目的を明確にしておくことが非常に重要になります。そうしないと、適切な対応計画が作成できないことになります。

リスクのモニタリング・コントロール

　対応策ができたら、次は1カ月に1回など、定期的にリスクの監視・コントロールを行います。例えば、つぎのような点を確認します。

> ▶ 新しいリスクの項目はないか
> ▶ 実行した対策は有効か
> ▶ 予想したリスクは発生したか
> ▶ 予期しなかったリスクの発生にどう対処するか

　例えば、①の対応策の塾に行っても学力が向上しない場合には、家庭教師に切り替えるべきかなどの検討をします。
　ここには、リスクに対して利用できる予算も関係します。家庭教師の費用を払う予算がない場合には、この対策は利用できません。
　また、まったく予期しないリスクが発生することもあります。例えば、A大学のコンピュータ学部の募集人数が縮小されたり、A大学自体が廃校になったりする可能性もあります。そんなことが起こった場合には、それが発生した時点で何らかの対応を迫られます。
　リスクは気付いていれば、事前に対策を立てられますが、発生するまで気付かないリスクはどうしようもありません。

プロジェクトでの本当のリスクは、気付かないリスクである。

　こうした理由があるために、リスクの洗い出しでは、できるだけ多くの人に参加してもらうのが望ましいのです。

リスクマネジメントでのコストは保険と考える

　プロジェクトでのリスクマネジメントにコストがかかることを、組織は考慮しておく必要があります。リスクの対応策を検討する時間、リスクに対応する時間は「人」という資源を使い、それにより工数が発生します、つまりコストがかかります。
　最初からこのコストの視点がないと、見積もりでそれが考慮されて

いないため、プロジェクトマネジャーやチームメンバーがサービス残業で対応するはめに陥ります。あるいは、時間がないのでリスク対応はやめようという結論になります。

大規模なプロジェクトや不確実性が高いプロジェクトを実施する場合には、リスク対応コストを公式に考慮すべきです。逆に、今までと同じ顧客、同じようなプロジェクトでのリスク対応コストは、あまり大きくとる必要はないでしょう。

意外に見落とされがちですが、リスクが高いほどリスク対応に要するコストは高くなります(図4-10)。これは、保険に入るときのことを考えると実感できると思います。次のような場合には、一般にリスクが高くなります

▶プロジェクトで利用する技術の新規性が高い
▶同様なプロジェクトの実施経験が少ない
▶関係するステークホルダーの数が多い
▶企業文化が違う
▶契約内容、要求事項が不明確

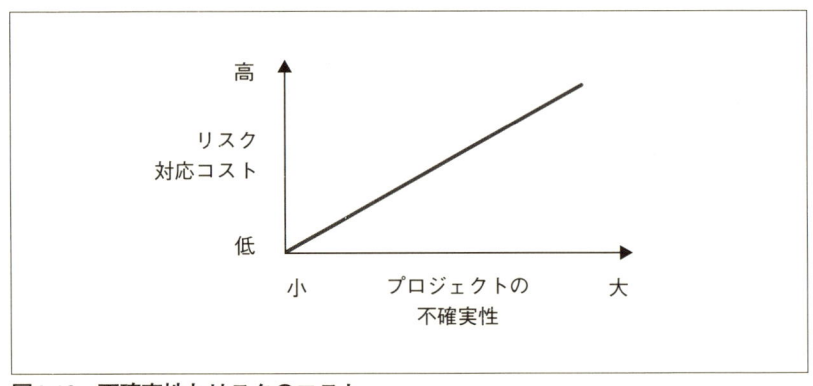

図4-10　不確実性とリスクのコスト

大切な点は、プロジェクトのサイズや不確実性を見極めたうえで、どのくらいまでリスクにコストをかけるかを、組織として決定することです。

利用目的を選んでプロジェクト管理ツールを活用する

　企業にプロジェクトマネジメントを導入するにあたって、プロジェクト管理ツールの導入も当然視野に入ってくると思います。プロジェクトの成功確率を上げるのに、プロジェクト管理ツールをうまく利用するのは良い考えです。

　プロジェクト管理ツールを利用しようとしたものの、途中で利用するのを断念したり、面倒に感じて使うのをやめてしまったりした経験を持つ企業や個人は、決して少なくないようです。これはプロジェクト管理ツールが有効でなかったというのではなく、正しい利用をしていなかったことを示すものといえます。

　プロジェクト管理ツールがあまり利用されなかった理由は、WBS（→p.113）などのプロジェクトマネジメントについての基本的な考え方についての認識不足と、顧客からスケジュールなどが紙ベースでの提供しか要求されていなかったためだ——筆者はそう感じています。これからプロジェクトマネジメントのレベルを向上させていくには、プロジェクト管理ツールの利用が必要になります。

　ただ、プロジェクト管理ツールはあくまでツールです。大切なのは、どのような目的でどう利用するかです。無理に全ての機能を利用する必要はありません。スケジュールの作成、管理だけにでも利用する価値はあります。筆者が勧めている利用方法は、次のようなものです（図4-11）。

```
                    ┌─→ 関係者のチームビルディング
  ┌─────────┐       │
  │プロジェクト│       ├─→ シミュレーション
  │管理ツール  │───────┤
  └─────────┘       ├─→ コミュニケーション
                    │
                    └─→ データの蓄積・保存
```

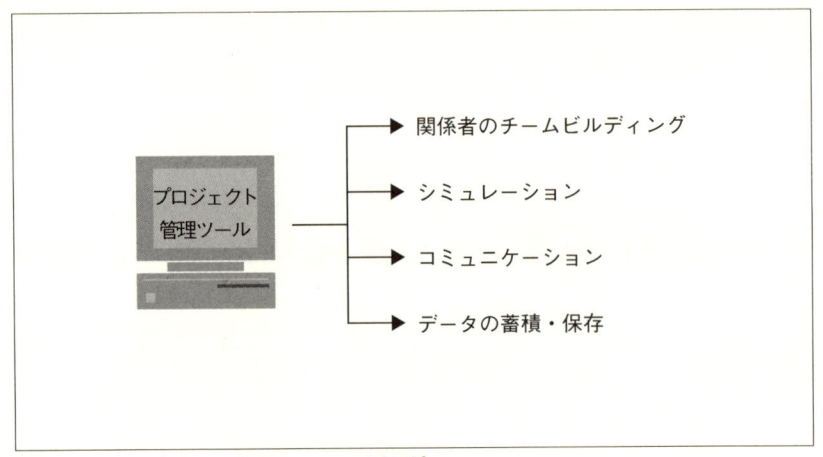

図4-11　プロジェクト管理ツールの活用法

プロジェクトプラン作成を関係者で実施する

　例えば、基本的なスケジュールを入力しておき、プロジェクターを利用してスケジュールを映し出します。プロジェクトの関係者全員が参加しながらそれを検討し、その場でスケジュールを最終的に作成します。

　このメンバーには顧客を含んでもよいでしょう。これにより迅速なスケジュール作成ができるようになると同時に、関係者のチームビルディングにも役立ちます。

シミュレーションへの利用

　プロジェクト管理ソフトの優れている点は、作業の一部で遅れが生じた時に、他のタスクにどのような影響があるか、あるいは納期がどのくらい変化するかが瞬時にわかることです。このシミュレーションは最も活用するべき機能といえます。また、実際に作業の遅れなどが生じる前にシミュレーションできるので、リスクの検討にも当然利用できます。

Column

WBSとは

　WBSとは、ワークブレークダウンストラクチャー（Work Breakdown Structure）の略で、プロジェクトでの成果物を作り出すために実施する作業をツリー構造的に表示したものです**(図4-A)**。プロジェクトで実施する全ての作業を表すもので、ここに記載のないものはプロジェクトのスコープ外（作業範囲でない）といえます。

　このWBSを作り出す上でのポイントは、下位になるほど詳細にしていくことと、管理する単位までで詳細化をやめることです。この最小単位をワークパッケージ（Work Package）と呼びます。

　このWBSをもとにして、プロジェクトに必要な人材や予算などを検討していきます。プロジェクト計画のベースとなる、とても重要なものです。

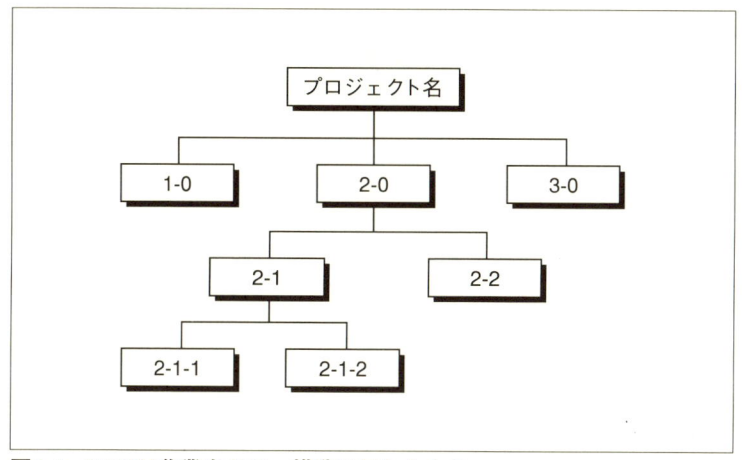

図4-A　WBSは作業をツリー構造で示したもの

多くの関係者の共通のコミュニケーションツール

　同じソフトを利用している者同士でデータの統合をすることができます。例えば、基本スケジュールはプロジェクトチームが作成し、詳細スケジュールは関係部署が作成しそれを統合することも容易です。複数の会社でプロジェクトを実施する場合には、それぞれが作成したスケジュールを統合することができます。

　さらに、社内の複数プロジェクトを管理するPMO（プロジェクトマネジメントオフィス）にとっても、リソースをプロジェクト単位だけでなく、複数プロジェクトにまたがって管理できるため、ツールは有効です。

　EメールやWebを利用してプロジェクトを管理できるソフトもあります。これらは、離れた場所でのプロジェクトの遂行に便利です。

データの蓄積・保存

　プロジェクト管理ツールで作成したデータは全てデジタルデータとして残すことができ、再利用が簡単にできます。例えば、3年前に実施したのと同様なプロジェクトを実施する場合、日付を変えて多少の修正を加えれば済みます。一からスケジュールを作成する必要はありません。

　手を抜いて楽をせよといっているのではありません。プロジェクトマネジャーやチームのエネルギーを、より深い検討や優先順位が高いものに利用できるという意味です。

　このようなデータを組織として集中的に保管し、関係者が自由に利用できるようにしておくことは、プロジェクトプラン作成の時間の節約と、精度を上げることにつながります。

　プロジェクトの実績データは大切な財産です。将来のプロジェクトマネジャーやチームメンバーがこれらを活用できるように環境の整備

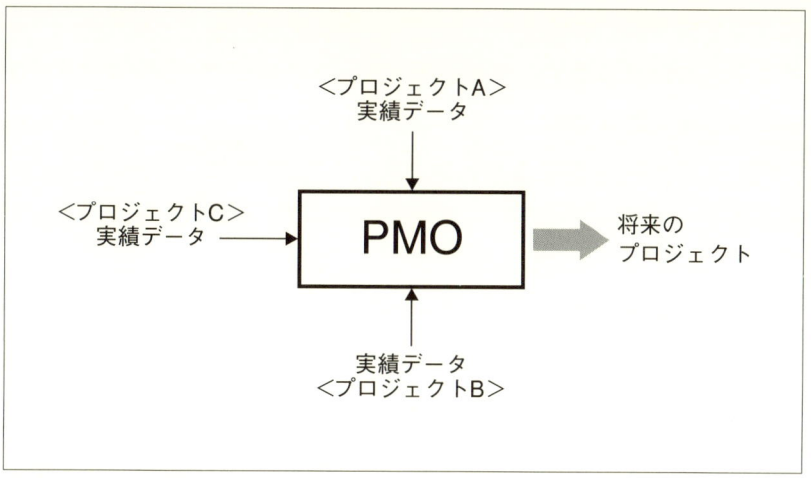

第4章　プロジェクトの成功確率を上げるには

```
         <プロジェクトA>
           実績データ
              ↓
<プロジェクトC>
 実績データ  →  [ PMO ]  →  将来の
                              プロジェクト
              ↑
           実績データ
         <プロジェクトB>
```

図4-12　PMOの役目

をするのは、会社組織の責任といえます。そして、そのための役目を果たす社内組織として、PMOの考え方が注目されてきました（**図4-12**）。

> プロジェクト管理ツールをチームビルディング、
> コミュニケーションなどのツールとして適切に利用する。

歴史的に進化してきたPMO

それでは、本章の2番目のテーマであるPMOに目を転ずることにしましょう。

PMOは、プロジェクトマネジメントオフィスの略です。組織によって、PO（プロジェクトオフィス）、PSO（プロジェクトサポートオフィス）、COE（センターオブエクセレンス）、PMCOE（プロジェクトマネジメントセンターオブエクセレンス）と呼び方が異なる場合が

115

あります。当然、組織によって役割や機能は多少異なりますが、本質的な考え方は共通です。米国では、PO（プロジェクトオフィス）と呼ぶほうが多いようです。

PMOの役割を理解するために、米国のPOに関する歴史を簡単に紹介します。

1950年～1990年

米国で1950年代に、空軍や陸軍などの大規模なプロジェクトをコントラクター（受注企業）が実施する際に、顧客（空軍や陸軍）ごとに、プロジェクトマネジメントを行うメンバーで構成されたグループを作ったのがPOのはじまりです。目的は、顧客とより近くで仕事を行えるようにするためでした。この費用は、顧客である軍が支払っていました。その後、1980年代に米政府は歳出カットのために軍のコストを削減し、POも縮小されていきました。

1990年～2000年

1980年代後半に始まった米国の景気後退時に、プロジェクトマネジメントが多くの産業で利用されるようになり、その有効性が再認識されました。そして、プロジェクトマネジメントを戦略的に活用しようとする動きが出始め、POを設立する企業が増えてきました。この時代のPOの主な役割は、次のとおりです。

▶プロジェクトマネジメントの戦略的計画
　プロジェクトマネジメントを他社より進化させるための計画、実行機能
▶メンタリング
　プロジェクトマネジャーやメンバーに対するサポート

> ▶改善
> 　プロジェクトの実施方法やプロジェクトマネジメントの改善の実施
> ▶問題解決のホットライン
> 　プロジェクトで問題が発生した時の火消し役
> ▶プロジェクトの教訓の維持
> 　プロジェクトの成功や失敗の教訓を集めて、利用できるようにする
> ▶標準手法
> 　プロジェクト遂行で利用する標準類の作成
> ▶教育・トレーニング
> 　プロジェクト遂行力向上のためのトレーニング計画策定

2000年以降

　POの役割は大きくは変わりませんが、新たに次の2つの役割が加わりました。

> ▶プロジェクトマネジメントを会社の財産として維持する
> ▶会社の戦略計画への積極的なサポートを行う

　すなわち、現在の米国でのPOの基本的な役割は**図4-13**のようになっています。

　ここで述べた米国のPOの進化は、企業が競争力を維持するために企業自らが取り組んできた結果です。理論が先にあってできたものではありません。私たちは、米国のPOの歴史を参考にし、自分の企業に合ったPMOのあり方を考えていく必要があります。日本でもここ数年、PMO（日本ではPMOと呼ぶことが多いので、ここからはPMO

```
                    PO (PMO)
         ┌─────────────┼─────────────┐
  プロジェクトマネジメントを   戦略計画        教育・
  財産として維持         サポート       トレーニング
         ┌──────┬──────┼──────┬──────┐
      メンタリング  改善   問題解決   教訓維持   手法の
                      サポート            標準化
```

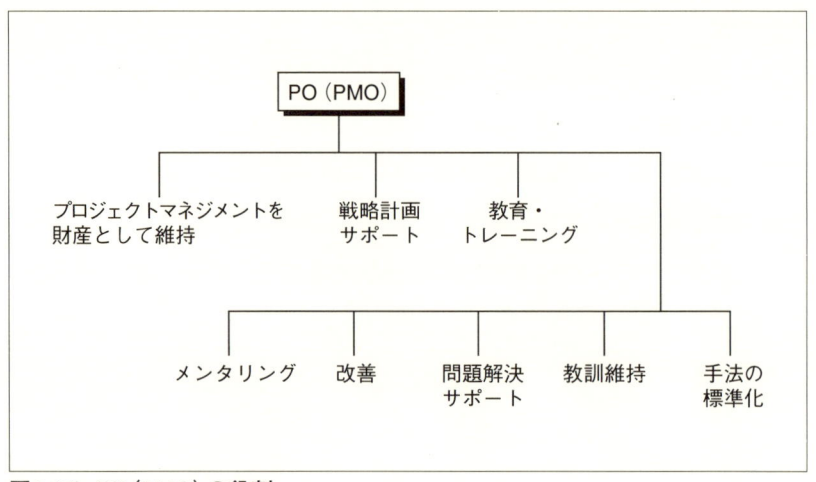

図4-13　PO（PMO）の役割

という言い方に統一します）を作り始める企業が出てきていますが、まだ少ないのが現状です。しかし今後、その取り組みは加速すると思います。

そこで、これからのPMOに要求される役割を検討していくことにします。

成功確率を向上するため会社がサポートする

会社ごとにPMOの役割は少しずつ異なってきます。PMO組織の形態や規模も、「このようなもの」と一概にはいえません。しかし、プロジェクトの実施を個別のプロジェクトの視点だけではなく、会社全体の視点からとらえようとした取り組みであることは共通認識だといえます。

昨今のように技術的変化や競争が厳しい環境では、プロジェクトマネジャーとプロジェクトチームだけにプロジェクトを任せきりにする

のではなく、会社として適切なサポートを実施していかないとプロジェクトを成功させるのが難しい、という現実が背景にはあります。

会社を成長させるには、単一プロジェクトの成功だけではなく、会社全体でプロジェクトの成功確率を向上させることが不可欠です。そして、将来実施するプロジェクトも当然その対象になります。現在と将来の両方で、プロジェクトの成功確率を向上できるような計画が、私たちには必要になります。

そのためには、次の質問に答えられるようにしておく必要があります。

> ▶プロジェクトの教訓を、明日のプロジェクトマネジャーやチームは自由に利用できるか？
> ▶今から実施するプロジェクトに、最適なプロジェクトマネジメント手法を提供できるか？
> ▶プロジェクトマネジャーの相談相手は誰か？
> ▶プロジェクトが危なくなった時のサポートは、どのように行われるのか？

経験・教訓を守る、利用する

「凡人は自らの失敗からのみ学び、余は他人の失敗から学ぶ」と言ったのは19世紀のドイツ帝国宰相ビスマルクでしたが、なかなか失敗から学ぶのは難しいものです。自分の失敗から学ぶことも簡単ではないでしょう。ただ、難しいからこそ、達成できれば他社との差別化や競争力につながる要素になるといえます。

プロジェクトを成功できる確率を上げるには、成功や失敗の経験や

教訓を当事者の中だけにとどめるのでなく、システム的に会社組織内に残す仕組みが必要になります。これがまず大切です。その時には、プロジェクトマネジメントについての教訓も残すようにします。

　過去のノウハウを利用するには、適切な蓄積方法が必要になります。成功の要素、失敗の教訓などを一定のフォームを利用して蓄積できるようにする必要があります。

　また、これらのノウハウをデータベースとして関係者が自由に利用できるようにする仕組みが必要です。イントラネットやWebを利用してプロジェクトマネジャーやメンバーが自由にアクセスできるようにすると便利です。

　プロジェクトマネジャーやメンバーがPMOの重要性を認識し、積極的に利用するようになると、PMOにプロジェクトの情報が集まりやすくなります。

> プロジェクトの貴重な経験やノウハウを
> 会社の財産として保有し、活用する。

悩めるプロジェクトマネジャーに助言を与える

　PMOにはまた、メンター（指導者）としての機能も必要です。これは、プロジェクトマネジャーが判断や問題で悩んだときにサポートするものです。

　プロジェクトマネジャーが悩むような問題は、簡単には答えが出ないかもしれません。しかし、経験のあるベテランや、過去のプロジェクトの実績や教訓をもとにプロジェクトマネジャーにアドバイスを与える担当者は必要です。なぜなら、プロジェクトマネジャーはメンバーやチーム外の人には相談できないことがあり、客観的にアドバイス

してくれるメンターを必要とすることが多いからです。

　この機能は、プロジェクトマネジャーの上司であるラインマネジャーの負荷を減らすことにもつながります。

　より客観的にプロジェクトマネジャーをサポートするために、外部の専門家を利用するのが効果的な場合もあります。

> PMOはプロジェクトマネジャーに対して
> メンターとしての役割を果たす。

忙しいときや困ったときに手を差し伸べる

　プロジェクトマネジャーは、目の前のプロジェクトが忙しいため、なかなかプロジェクトの現状をトップに報告したり、応援を要請したりできない場合があります。このような場合に、PMOのスタッフがプロジェクトマネジャーの代わりに行動したりできる機能が必要です。

　また、プロジェクトがトラブルに陥りそうであるという警告を早期に発したり、具体的な対策を検討したりできることも、規模や不確実性の大きなプロジェクトでは必要になるでしょう。

　ここで注意しないといけないのは、プロジェクトマネジャーが自発的にかつ積極的に問題を解決するのを、側面からサポートするような対応を選ぶことです。プロジェクトマネジャーによっては、助けてもらうのを不名誉なことだととらえる人もいるからです。あくまで、任命したプロジェクトマネジャーを信頼しながら、陰でサポートをするという姿勢が重要です。

> PMOはプロジェクトマネジャーを陰でサポートする。

PMO導入のためのステップ

　PMOを会社に導入するにあたって、注意すべき点があります。それは、最初から大人数で開始すべきでないということです。あまりに多くの経費をかけすぎると、期待感だけが先行し、すぐに結果がでないと無駄なものだったと評価されかねません。

　PMOを導入するには、次のようなステップを踏むとよいでしょう(図4-14)。

STEP1：PMOを会社に構築してから何を行うかを模索するのではなく、いま何が必要なのか、構築することで何を達成するのかをまず明確にする。

STEP2：上記の目的が明確になったら次はメンバーを選定する。必ずしも専任でなければいけないというものではない。臨時的なメンバーと専任担当者の組み合わせでも、臨時的なメンバーだけでもかまわない。組織は目的に応じて変化する、という前提で構築を行う

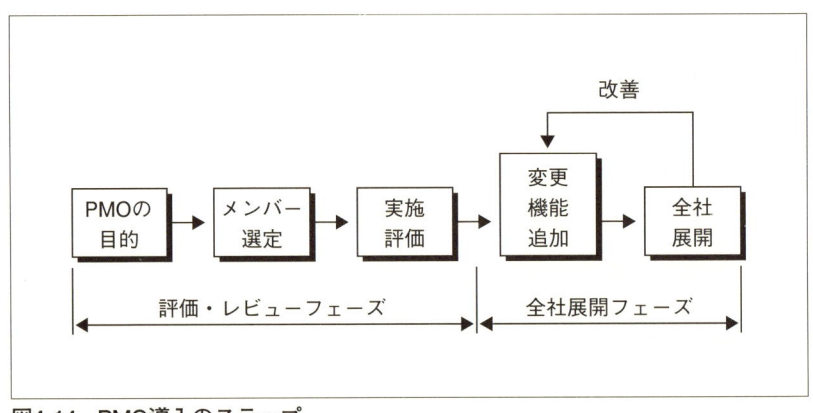

図4-14　PMO導入のステップ

STEP3：PMOの活動に関する評価・レビューを実施し、変更や機能、役割の追加を行う。また、それに応じて人員の増加などを計画する。
STEP4：PMOの活動と会社の戦略目標との整合性を図り、全社的な活動に広げていく。
STEP5：PMO自体の改善を実施していく。

人材への投資が成功確率向上の鍵

　さて、本章の3番目のテーマである人材育成について見ていくことにしましょう。

　プロジェクトを実施していくのは人です。機械や設備がプロジェクトを実施してくれるわけではありません。

　工場では、生産性を向上させるために機械を最新の機能を備えたものと交換したり、改造したりするなどの設備投資を行います。これは、設備を新しくすること自体が目的ではありません。設備投資したほうが、しない場合より会社に多くの利益をもたらすという、戦略的な判断に基づくものです。

　企業は設備に投資するだけでなく、人材育成にも投資する必要があります。プロジェクトの成功確率を上げるには、プロジェクトを遂行する「人」のパフォーマンスを上げることが不可欠だからです(図4-15)。

　人材育成への投資は会社の利益向上だけでなく、個人のスキルアップにもつながるため、個人の価値やモチベーションの向上にも役立ちます。ただ、一般的に人材育成は設備投資とは異なり、すぐにパフォーマンスが2倍になるとか、生産性が2倍になるというものではありません。

　即効性がないから重要ではないという短期的な視点ではなく、長期

```
┌─────────────────────────────────────────────┐
│                                             │
│         ┌──────┐         ┌──────┐           │
│         │ 工場 │         │ 人材 │           │
│         └──────┘         └──────┘           │
│            ▲                ▲               │
│            │                │               │
│         設備投資        教育・トレーニング    │
│                                             │
└─────────────────────────────────────────────┘
```

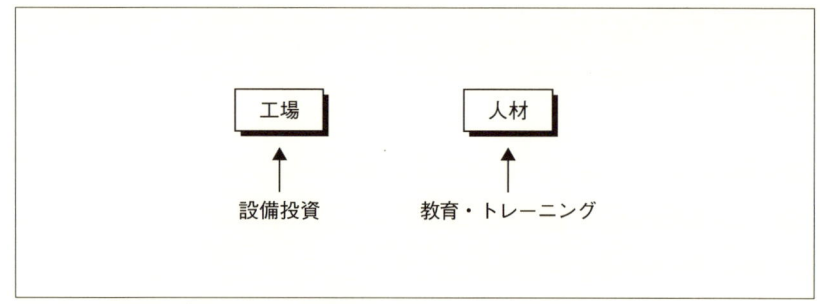

図4-15　企業のパフォーマンス向上

的な視点からの判断が重要になります。ただ、プロジェクトマネジメントに関するトレーニングの成果は、プロジェクトの成功確率という結果になって表れやすい、と筆者は感じています。

　ここで、基本的な事項を考えてみたいと思います。そもそも、トレーニングは本当に必要なのかどうかという点です。

　優秀なプロジェクトマネジャーは、自然に実務で育つのではないでしょうか。また、どうしてこの考え方ではいけないのでしょうか。

ターザンを育成することはできない

　どのような会社にも、ターザンのように窮地に陥った時に助けに来てくれる、勇敢なプロジェクトマネジャーがいるものです。このような人は、苦労しながら身に付けた動物的ともいえる勘を持っています。そして、特出した個人技でプロジェクトを遂行し、成功に導きます。

　ただ、このようなターザンは厳しい自然環境の中でしか育ちません。また数が少ないという特徴があります。ターザンが育つには、次のように特殊な条件が必要だからです。

▶現場をすべて知り尽くすことが可能だった

> ▶自由な意思決定ができる環境があった（上司が仕事を任せてくれることと、リーダーシップを発揮できる自由な環境）
> ▶厳しい仕事を数多く経験できた
> ▶厳しく教えてくれるプロジェクトマネジャーがいた

　皆さんの会社にも、1人か2人は思い当たる人がいると思います。そして、彼や彼女らが重要なプロジェクトを支えていることも少なくありません。また、現場や第一線で必要とされることが多いため、上級マネジャーと呼ばれる地位には上らないこともあります。

　このようなターザンは、会社の事業規模が小さければ1、2人でもよいかもしれません。しかし会社が大きくなれば、たくさんのターザンが必要になります。1人のターザンで対応できるプロジェクトには限界があるからです。

　先に述べたように、傑出したターザンは特殊な条件でのみ生まれるのであり、計画的に育成するのは困難です。会社としては、自然発生的な少数のプロジェクトマネジャーが偶然生まれるのを期待することはできません。たとえ傑出していなくても、あるレベル以上のプロジェクトマネジャーを計画的に育成していくことが、会社全体でのプロジェクトの成功確率を向上させるのにはどうしても必要になるのです。

　そして、それが会社の競争力につながります。

投資効果を向上させる3つの要素

　プロジェクトマネジャーの育成は計画的に行わなければなりません。もし無計画で実施すると、それは社内の有限な資源とエネルギーの無駄使いになります。

　トレーニングに投資した費用と実際のプロジェクトでの成果、すな

わち投資効果という視点は重要です。プロジェクトマネジメントのトレーニングが必要かどうかという議論よりも、いかに適切なトレーニング行い、投資効果を高めるかのほうが重要です。

人材育成の投資効果を向上させるには、次の3つの要素を考える必要があります。

- ▶誰に対してトレーニングを行なうのか
- ▶どのようなカリキュラムを計画するのか
- ▶モチベーションをいかに上げるか

プロジェクトマネジャー以外もトレーニング対象

誰を対象にしてプロジェクトマネジメントのトレーニングを行うのかは、トレーニング効果を向上させるのに重要な要素です。トレーニングはプロジェクトマネジャーだけに実施すればよいのでしょうか。

プロジェクトは、チームで実施するものです。多くの関連部署の協力も必要になります。さらに、プロジェクトスポンサーである役員や部長レベルの人も、プロジェクトマネジメントの基本的な原理原則は知っておく必要があります。

もしプロジェクトに関係する人たちにプロジェクトマネジメントの基本的な知識が不足していると、次のような問題が生じます。

- ▶コミュニケーションに時間がかかる（専門用語が利用できない）
- ▶プロジェクトマネジメントの理解不足により無関心・非協力的になりやすい
- ▶プロジェクトへの適切な関与ができない

カリキュラム計画は横の広がりと選抜的な縦の組み合わせ

したがって、プロジェクトマネジメントのトレーニングは、全社的に行う必要があります。

その上で、プロジェクトマネジャーと将来のプロジェクトマネジャー候補向けに、選抜的なカリキュラムを作成して実行することが大切です。すなわち、横の広がりと選抜的な縦とを組み合わせたカリキュラムを計画するのです。

トレーニングの対象者を大きく3つに分けてカリキュラム内容を考えてみましょう（図4-16）。

役員などのスポンサー

プロジェクトマネジメントを全社的な視点で考えるのに役立つ内容にします。

〈カリキュラム例〉
・プロジェクトマネジメントの世界的な動向、PMMM（プロジェクトマネジメント成熟度モデル）
・PMOの役割、プロジェクトマネジメント基本プロセスなど

営業部、ラインマネジャー、プロジェクト協力者、プロジェクトメンバー、PMO

プロジェクトマネジメントの原理原則の理解の普及ととらえ、スタンダードなプロジェクトマネジメント基礎研修を実施します。まずは米国のPMIによるPMBOK（プロジェクトマネジメント知識体系）に沿った、基本的なプロジェクトマネジメントスキル向上のトレーニングカリキュラムを実施するのが望ましいでしょう。こうしたカリキュ

```
┌─ スポンサー ──────── ・世界的動向
│   (役員など)          ・PMMM
│                       ・PO/PMOの役割
│
├─ プロジェクト関係者 ──── ・PMBOKベースの
│                            基礎トレーニング
│
└─ プロジェクトマネジャー ── ・PMP
                              ・実践的トレーニング
```

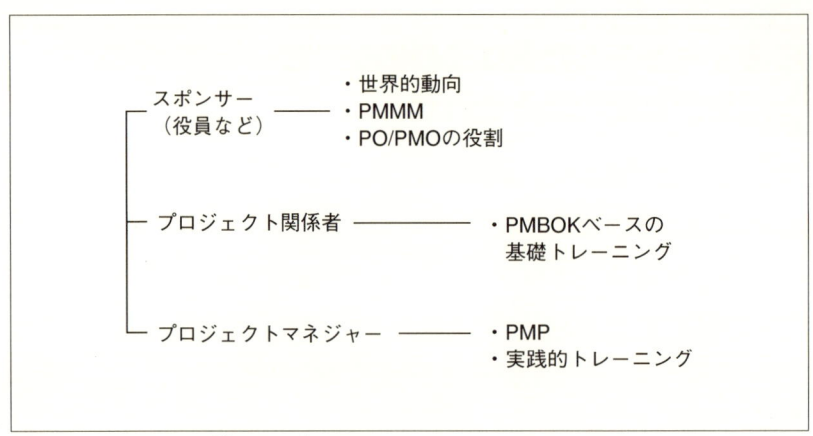

図4-16　トレーニングのカリキュラム

ラムは米国はもちろん、東南アジアなども含めて現在、世界で最も普及しているからです。

〈カリキュラム例〉
・PMBOKをベースとしたプロジェクトマネジメント基礎

プロジェクトマネジャー

会社の戦略的な目的とプロジェクトマネジメントの成熟度を考慮した、教育モデルの構築が必要になります。

〈カリキュラム例〉
・PMP資格取得（PMBOKの内容を短期に習得するため）
・ケースによる実践的なプロジェクトマネジメントのトレーニング

計画での注意点──現在と将来の両方の視点

会社にとって現在必要な人材が、5年10年のスパンで見た場合に同じように必要であるかどうかはわかりません。人材は長期的視点から

の育成が必要です。現在プロジェクト型での業務遂行の比重が低いという理由で、将来必要になるかもしれないプロジェクトマネジャーの育成を怠ることは、将来においてプロジェクト遂行上での競争力低下につながる危険性があります。

今後、プロジェクト型業務は確実に増えていきます。プロジェクトマネジャーに必要とされるスキルも変わってくるはずです。今から20年前30年前に通用したスキルが、現在も同じように通用するということはないでしょう。

将来必要な人材とは、将来実施されるだろうプロジェクトを遂行できるスキルを備えた人材です。なおかつ、他社より優れたプロジェクト遂行のできることが理想です。また同時に、現在のプロジェクトを成功に導けることも必要です。人材育成の計画には、現在と将来の両方の視点が要求されます。

そういった意味で、会社組織における教育計画部署は、トップとの綿密なコミュニケーションが必要になります。戦略的人材開発を行う部署として機能していくことが大切なのです。

モチベーション向上のため第3のキャリアパスを

通常、会社には昇進の階段を上っていく道が2つあります。1つはラインの部長、事業部長、取締役という流れであり、もう1つは高度な専門職としての待遇です。

しかし、プロジェクト型の仕事の比重が大きくなるにしたがって、プロジェクトマネジャーをもう1つの専門職として位置づける必要が生じてきます。もしプロジェクトマネジャーが臨時的な仮のポジションであり、会社として昇進に関係ないものであるとするなら、優秀なプロジェクトマネジャーを目指すという意欲が湧いてこないことにな

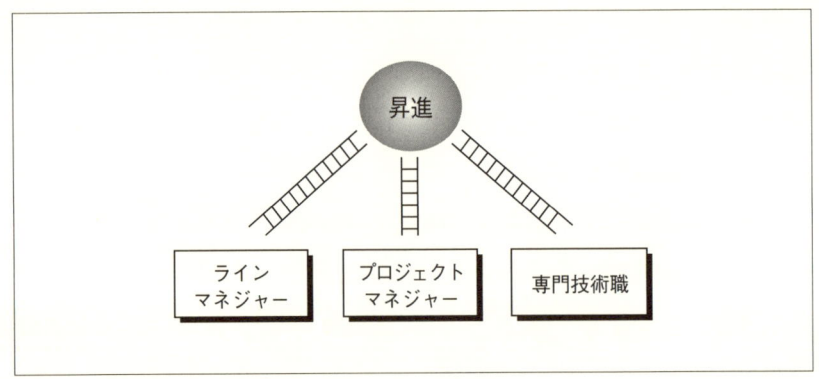

図4-17　第3のキャリアパス

ります。

そのため、プロジェクトマネジャーを第3のキャリアパスとして会社組織に位置づけることが大切だと、筆者は考えています(図4-17)。

プロジェクトマネジャーに対する報酬制度と人事制度に関しても、明確に定める必要が出てきます。IT企業やプロジェクトを多く実行していく会社では、会社で遂行する仕事はほとんどがプロジェクトであり、プロジェクトマネジャーの処遇は全社的に決めておくべきです。プロジェクトマネジャーの処遇が不透明だと、プロジェクトマネジャーとして活躍することに対するモチベーションは高くならないでしょう。

プロジェクトの成功には、プロジェクトマネジャーだけでなく、ラインの部長やスタッフの協力が欠かせません。この点を見落としてはなりません。プロジェクトが成功したときには、協力した部長やメンバーも正当に評価することが必要になります。

また、プロジェクト型組織ではラインの部長など管理職には新しい役割があり、プロジェクトマネジャーをサポートするスポンサー的な役割を担っているという認識を持てるようにすることも、これからの企業では大切になります。

第5章
プロジェクトマネジメントを企業に導入する
──勝ち残る企業の条件とは

　前章で、プロジェクトの成功確率を上げるために、プロジェクトマネジメントを企業に導入すると述べました。ここではそれが、実際にどんなことであるか、そして企業にとってどんな意味があるのかについて、もう少し詳しく見てみたいと思います。プロジェクトマネジメントを本格的に導入し始めている会社の取り組みも事例として紹介します。この章の目的は、企業がプロジェクトマネジメントを導入することのメリットを、皆さんに考えてもらうことです。

企業が利益を増やすには何が必要か

　禅問答からはじめます。
　まず、企業がプロジェクトマネジメントを導入している背景は何でしょうか？──その答えは、企業にとってそれが望ましいからです。

企業は、望ましくなければプロジェクトマネジメントなど導入しようとはしないものです。

　では、企業にとって望ましいこととは何でしょうか？──企業が成長することです。

　企業が成長するとはどういったことでしょうか？──企業が利益を増やしていくことです。

　利益を増やすにはどうしたらよいのでしょうか？──それには、受注したプロジェクトでの利益を増やす、あるいは利益の上がるプロジェクトをたくさん受注する必要があります。この2つともが、プロジェクトマネジメントの導入で可能になります。

　プロジェクトマネジメントを導入することでプロジェクトの成功確率が高まり、利益が増えるのはわかります。

　しかし、どうして利益の上がるプロジェクトの受注が増えるといえるのでしょうか？──ひと言でいうと、顧客満足度の向上です。

ソリューションビジネスでの顧客満足度

　受注を伸ばすには、お金を払ってプロジェクトを依頼して本当によかった、と顧客に思わせる製品やサービスが必要になります。典型的なものが、いわゆるソリューションビジネスです。

　ソリューションビジネスとは、顧客の望むことや抱える問題に関する課題を解決することを目的としたビジネスです。単に製品やシステムを提供するビジネスとは区別されます。

　両者の大きな違いは、社内ですべてコントロールできるか、そうでないかです。例えば製品を作るプロジェクトの場合、製品を完成するのはとても大変な仕事ですが、全て自分たちでコントロールできます。そして顧客は、その製品を気に入れば購入するし、気に入らなければ

購入しません。一般に、顧客は不特定多数だといえます。

　一方、ソリューションビジネスの場合、顧客の特定の課題を解決することが目的になります。

　ITプロジェクトでは、システムが完成してバグがなく動作するというだけでは十分といえません。スペック通りに動くだけではなく、お客さんの役に立たなければなりません。スペック通りに出来上がったとしても顧客が利用しないものでは、そのシステムの本来の目的を達成しているとはいえないのです。

　顧客との効果的で親密なコミュニケーションを通してのみ、プロジェクトを成功に導くことができます。今まで見てきたように、プロジェクトマネジメントはそのための方法を提供します。プロジェクトマネジメントをきちんと実行できる会社は、顧客により適切なソリューションを提供できる会社であるといえるのです。

　顧客は、単に技術力が高いとか、コストが安いというだけではなく、ソリューションを本当に解決してくれる会社を望むのです。

プロジェクトマネジメント＝顧客の要求に柔軟に対処

　特に新規性があるプロジェクトの場合、プロジェクトの進行途中で大きな変更が生じたり、考えていた内容が変わったりすることがあります。そういう場合、プロジェクトマネジメントがしっかり機能している会社は、変更管理という公式なプロセスで対応することが可能になります。一方、硬直したプロジェクトのやり方の会社では、変更を一切検討せずに認めなかったり、柔軟な対応をしてくれなかったり、混乱してスケジュールが大幅に遅延したりします。

　変更や修正に対して柔軟なシステム的対応ができる企業は、最終的には多くのメリットを顧客に与えることができます。プロジェクトマ

```
        ┌─── プロジェクトマネジメントスキル
  評価基準 ┼─── 適正コスト
        └─── 技術力（品質）
```

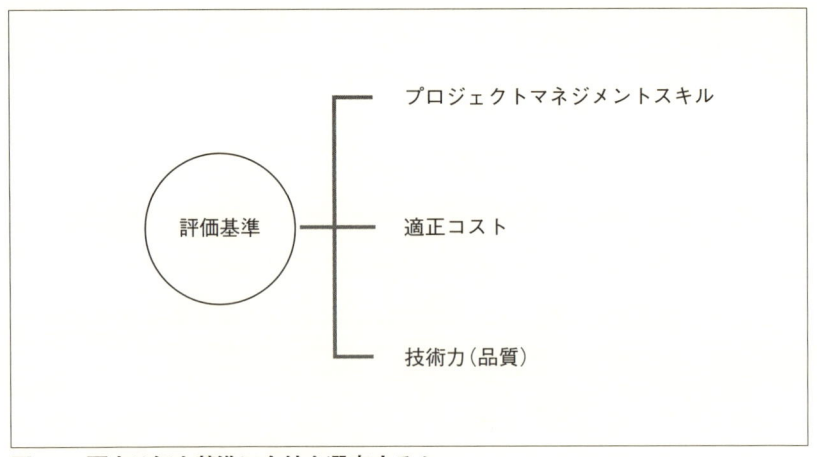

図5-1　顧客は何を基準に会社を選定するか

ネジメントは、企業においてプロジェクトを遂行する上で役立つだけでなく、顧客にとっても役立つものなのです。

> **適切なプロジェクトマネジメントは、
> 企業だけでなく顧客にもメリットがある。**

　顧客は発注する会社の選定に、単なるコストや技術力だけでなくプロジェクトマネジメントスキルも評価の対象に加えるようになってきています**(図5-1)**。

提案型受注の時代にはチームを統括する専門家が必要

　最近のITプロジェクトでは、受け身での受注でなく、顧客の収益増加につながる提案型受注が増える傾向があります。日立製作所、富士通、日本IBM、NECなどの大手企業は、企業向けコンサルティング専任の人員を増加させ、システム受注活動に力を入れ始めています。企業経営者へのコンサルティングによる「攻めのシステム開発」の受

注に力を入れ始めているのです。

　この場合に必要なのは、高度な対話能力を持った「上級コンサルタント」と呼ばれるプロフェッショナルです。経営や顧客の業種などの専門知識、ITスキルなど幅広い知識やスキルが必要とされますが、全てを兼ね備えた人材はあまり多くいません。長期的にはこれらの人材を、企業戦略に基づいてトレーニングなどにより社内で育成していくことが重要です。

　顧客の要求を満足できる提案やプロジェクトの実施を行うには、多くの専門家が集まってチームを作らなければなりません。そして、それを統括できるプロジェクトマネジメントの専門家が必要になります。プロジェクトマネジメントを適切に利用できる人材を育成することは、顧客の満足度を高めるのに役立つのです。

　プロジェクトマネジメントを体系化したハロルド・カーズナー博士はその著書 "In Search of Excellence in Project Management" で、「米国にはプロジェクトマネジメントを他社より優れたものにするための企業の競争が存在する」ということを述べています。これは、プロジェクトマネジメントの成熟度を上げていく競争です。

　企業としてプロジェクトマネジメントの成熟度が高いということは、自分の会社だけでなく顧客にとっても好ましいという認識が、米国ではすでに確立しています。これからの企業は、次の問いへの答えを見つける必要があります。

> 自分の会社のプロジェクトマネジメントを
> 競合他社より先に進めるには、
> どのようにしたらよいのか？

進化のためにナレッジマネジメントとの統合が必要

　プロジェクトマネジメントはナレッジマネジメントと結びつかなくてはなりません**(図5-2)**。

　プロジェクトマネジメントは生き物であり、常に改善されているものです。もし、何も変えないでそのままにしていると、やがて陳腐な道具となり自然消滅してしまうでしょう。米国のPMIは、プロジェクトマネジメントの標準体系であるPMBOKを4年ごとに修正・追加していくと決めています。これはプロジェクトマネジメントが進化していくという前提に立っているからです。

　プロジェクトマネジメントを進化させるもの、それは何でしょうか――ナレッジ、すなわちプロジェクトでの成功や失敗の経験・教訓です。

　ナレッジと切り離すと、プロジェクトマネジメントは成長することをやめ、そこで留まってしまいます。生きたものにならず、単なる静的なツールになってしまう危険性があります。

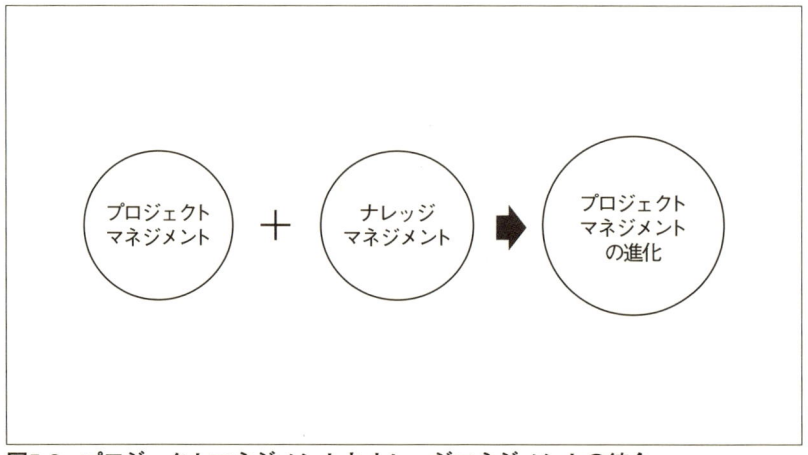

図5-2　プロジェクトマネジメントとナレッジマネジメントの統合

> プロジェクトマネジメントを進化させていくには
> ナレッジマネジメントと統合させていく必要がある。

では、どのような手順でプロジェクト単位のノウハウや教訓を、会社組織内のナレッジと統合していけばよいのでしょうか。例を次に示します。

第1フェーズ：PMOがノウハウを蓄積

まず、プロジェクト単位で経験したノウハウや教訓を整理して保管します。これは、プロジェクトマネジメントオフィス（PMO）を設立して、プロジェクトのノウハウを一括管理するということです。そして、そのノウハウをもとに、プロジェクトマネジメントを企業の実情に合わせて独自に修正していきます。

この第1フェーズは、過去のプロジェクトの評価を行うことから始めます。関係者へのヒアリングやプロジェクトの記録などをもとに、PMOのメンバーが主体となってプロジェクトの教訓や改善点を抽出する作業を行います。

ここでの問題点は、誰も自分が担当したプロジェクトを問題プロジェクトとか失敗プロジェクトとして認めたくないという気持ちです。これが正確な情報の収集を困難にします。

プロジェクトの記録収集では個人的なパフォーマンスについては記録しない、個人名や個人が特定できるような表記は避ける、外部には決して個人名は出さない、などのルールや信頼関係が重要になります。この教訓やノウハウは、何度も述べますが会社の貴重な財産なのです。

第2フェーズ：企業全体に展開する

企業全体では、多くのプロジェクトが毎日のように遂行されていま

す。これらのナレッジも活用しない手はありません。第2フェーズでは、できれば関連会社や子会社まで巻き込み、企業グループ全体でプロジェクトの教訓の収集を開始します。ここでも、次のような反応が予想されます。

> ▶プロジェクトの失敗を外に出したくない
> ▶責められたくない
> ▶弱みを見せたくない
> ▶こんな失敗をしているのかと言われたくない

　これらの対策として、担当者レベルでなく、トップダウンでの意思表明やルール、信頼関係の構築が重要になります。なぜ、今回このような形でのプロジェクトの実績情報が必要であるのかをトップが直接アピールしなければなりません。例えば、図5-3のようなトップの意思表明が必要となります。

プロジェクト管理ツールの普及が加速

　日本企業でも、プロジェクトマネジメントの導入に経営者層が積極的になってきています。マイクロソフトのシニア プロダクトマネジャー 田中紀光氏は、同社のプロジェクト管理ツールMicrosoft Office Projectについて「数百ライセンスという、部署単位の導入が増えています」と述べています。また、「その中には、さらに大規模に展開する際のノウハウを得るために、パイロットとして導入しているところも多い」とのことです。

　従来は現場レベルだったプロジェクトマネジメント手法の導入が、雑誌などで大きく取り上げられることにより、しだいに経営者層に重

関連会社○○社長　様

前略

　現在の会社を取り巻く環境は一段と厳しさを増しています。この環境の変化は、我々に新しい挑戦を突きつけています。この機会をさらなる発展の機会にしたいと考えます。そこで、プロジェクトマネジメントに関しましてさらに磨きをかけるために、過去および進行中のプロジェクトでの成功や失敗の教訓、ノウハウの情報を教えていただきたいと思います。

　そして、それらの結果を整理し皆さんが利用できるように公開していきたいと思います。

　ここで大切な点は、事実に基づく分析を行うことです。誰でも失敗事例は出したくないのが心情でしょう。しかし、会社の生き残りをかけた発展のためにぜひご協力いただきたいと思います。

　次のお約束をしたいと思います。

・プロジェクトの失敗に関して誰をも責めるようなことは決して行いません。
・個人のパフォーマンスなどの記録は必要としません。
・プロジェクトでの教訓やノウハウのための実例としてしか利用しません。
・整理され、改善されたプロジェクトマネジメント方法について、貴社もご利用できるように致します。

　ぜひ、信頼していただきたいと思いますし、この重要性についてぜひご理解いただきたいと思います。

　詳細は弊社PMOの＊＊課長からご連絡させていただきます。

図5-3　トップの意思表明

要な経営手法の1つとして認識され、企業としてプロジェクトマネジメントを導入しようという流れが出てきています。

また、最近のプロジェクト管理ツール製品では、自分の部署、あるいは事業部門のプロジェクトがどういうふうに動いているのか、さらにはどれくらいの利益を出しているのかを、一括管理する機能も備わってきています。そういう機能が企業の経営者層に受け入れられるのは自然なことでしょう。

さて、ここから先は、実際にプロジェクトマネジメントを導入している、あるいは導入に取り組みはじめた企業の事例です。プロジェクトマネジメント導入の背景や、具体的取り組み方を眺めてみましょう。

山武──事業環境の変化に対応すべくプロジェクトマネジメントを導入

総合オートメーション企業 山武の社内カンパニー、アドバンスオートメーションカンパニーは、事業環境の変化に対応するため、カンパニーをあげてプロジェクトマネジメント手法の導入に踏み切りました。提供するソリューション（ジョブ）の内容が次の2点で大きく変化してきたからです。

▶総合的なソリューションの提供
▶より厳しい品質、スケジュール、コストの要求

同社の事業対象は、鉄鋼、石油など基幹産業の生産設備のオートメーションから、半導体・電機電子、自動車、薬品、食品などの産業へと拡大していました。具体的なソリューションの提案や、総合的なエンジニアリングを求められるようになったのです。工場の稼動効率向

上、品質、安全、環境基準などの運用に関する課題解決ソリューションとしてオートメーションの適用範囲が大きく広がり、自社以外の複数のベンダー、パートナーとの連携範囲も拡大し、プロジェクトの遂行が複雑になっていました。

一方で、短期間にシステムや機器を据え付け、実運転に近い環境での完成・引き渡しを求められるようになり、高い精度でのスケジュール管理やリスク管理を求められるようになりました。PCや汎用OSがシステムに採用され、競争がグローバル化してきたため、ソリューションに求められるコスト要求も、年々厳しくなってきました。

従来の個人のスキルに頼ったエンジニアリングや、古典的な分業的プロジェクトマネジメント手法では、このような変化に対応できないことは明らかでした。

2001年10月から同社が開始したプロジェクトマネジメントの導入は、次のような内容を骨子としたものです。

重要施策と位置づけ、マネジメント層への教育を実施

まず、プロジェクトマネジメント手法の導入を、ソリューション事業の体質強化の施策として位置づけ、社内Webを通じて変革活動を全社員に訴えました。

同時に、プロジェクトマネジメントの重要なステークホルダーである社内のラインマネジャー、ビジネス責任者に教育を行いました。70％以上のマネジャーが教育を受けました。

ジョブの条件を決定づける上流活動である営業に関する仕組みや、プロジェクトと組織間の協働のルール作りも行い、活動展開のバックアップとしました。

責任体制の明確化とスキルベースのリソースマネジメント

　顧客からの案件のなかで、どれにプロジェクトマネジメント手法を適用するかを明確に定義し、その場合の管理責任者を明確化し、全社員に見える状態としました。

　プロジェクト遂行に求められるスキルの多様化に対応するため、エンジニアのスキルデータベースを利用し、ジョブへのエンジニアの割り当てを全社レベルでダイナミックに実施できるようにしました。これにより、プロジェクトに必要となる人材資源の予測精度も向上し、複数部署の交流によるジョブ遂行の標準化が進みました。

プロジェクトマネジメントのためのツールの整備

　プロジェクトマネジメント手法にのっとったツール（RRP、WBSなど）を自社事業に合わせて作成し、社内標準として利用を開始しました。効果の大きなもの、利益など事業へのインパクトが可視化できるものから順次ツールを導入しました。最終的に、全社・全国どこでもプロジェクトの状況が把握でき、計画、アクションなどの管理のできる「ジョブ管理WEB」の形でツールを統合し、日常の活動に利用できるようにしました。

　また、マネジメント層向けには、全社のプロジェクト状況を各種の切り口で眺められるツールを提供し、継続的なトップのサポートを得られるようにしました。

実践的な教育を展開し、PMPを社内資格として奨励

　社内横断的なチームと外部講師の共同作業で、効果測定のできる教育のカリキュラムを作りました。また、PMP資格を社内資格として位置づけ奨励しました。

新しいプロジェクトマネジメント意識が定着

　山武では、全社のプロジェクトを重要度に基づいて3つのレベルに分け、段階的にプロジェクトマネジメント手法を導入していきました。まず、最も重要度の高いプロジェクトに導入し、その推進に社内リソースを重点的に割り当て、しだいにより重要度の低い（リスクの小さい）ジョブへと展開していったのです。そして現在、ほぼ全てのジョブがプロジェクトマネジメント手法で管理されています。

　プロジェクトマネジメント手法の導入後、問題プロジェクトの発生件数は数十分の1になり、コスト効率は5％程度改善されました。プロジェクトマネジメント以外にもいろいろな改善策を同時展開しているので、直接の効果を推測するのは困難ですが、全社的なプロジェクトの成功確率の向上にプロジェクトマネジメントが大きく貢献していることは確かです。

　特筆すべき点は、新しい意味での「プロジェクトマネジメント」意識が定着しつつあることです。全国各地区の事業責任者は、次の3点を特に評価しています。

> ▶エンジニアの責任感が増し、QCD（品質・コスト・納期）の意識が上がった
> ▶全国の組織が協力してプロジェクトを支援するようになった
> ▶営業活動、プロジェクト計画、顧客との変更管理について意識が上がった

　「プロジェクトマネジメントは工学的手法であり、事業環境や事業展開にともなって内容は常に変化させるべきものです。現在も次のステップに向けて活動中です。」同社　アドバンスオートメーションカン

パニー 執行役員エンジニアリング本部長の曽禰寛純氏はそう語っています。

日立製作所 情報・通信グループ
──PMO設立の契機はトラブルプロジェクト対策

　日立製作所の情報・通信グループでは、2001年にプロジェクトマネジメント本部が設立されました。これは本書で説明しているPMOの機能を果たす部署です。この組織は、最初からPMOとして発足したわけではありません。社内のニーズに応えて段階的な独自の進化をしてきて現在に至っています。以下はその経緯です。

　1990年代には、プロジェクで火が噴くと中が全然見えなくてしまうことがありました。

　プロジェクトが火の車状態になると、人がどんどん入ってきてコストが膨れ上がります。しかし、何が起こっているのか外から全くわかりません。納期もいつになるのか誰も答えられない、という状態が発生します。

　それに対して、同社は工程管理の専門家を入れてみました。専門家のやり方でプロジェクトの情報を整理させ、報告書にまとめさせるという業務をまかせてみたわけです。

　それが効果を上げたため、プロジェクト管理センタという部署が最初にできました。「主目的は、トラブルになったプロジェクトの中に入っていって整理することでした。しかし活動していくうちに、やはり火を噴く前に止める必要性を感じてきました。そして、だんだん上流の方に目を向けていったわけです」（同社プロジェクトマネジメント本部センタ長の初田賢司氏）。

　そこで1999年に、現在のプロジェクトマネジメント本部の前身であ

るプロジェクトリスクマネジメントセンタが立ち上げられました。

最初は「黒帯」7人からのスタート

　当初のメンバーは「黒帯」、つまりプロ中のプロといえるベテランのみの、7人でのスタートでした。第4章で「PMOは最初から大人数で開始すべきでない」と述べましたが、日立製作所のアプローチはそれに準じたものといえます。

　この頃、世界では伝統的プロジェクトマネジメントに代わって、モダンプロジェクトマネジメントという概念が注目されてきました。先発メンバーはこうしたことを調べ、PMBOKの考え方の重要性に気付きました。そして、プロジェクトチャーターやスコープなどが役立つことがわかり、制度として組織の中に取り入れていきました。

　現在、プロジェクトマネジメント本部はPMOとして、主に次の機能を果たしています。

> ▶プロジェクトマネジャーのサポート
> ▶実績プロジェクトの分析
> ▶プロジェクトでのノウハウの共有
> ▶人材育成（PMP取得奨励，ソリューション対応、顧客満足向上）
> ▶プロジェクトマネジメント技術開発

　とくにプロジェクトの分析は、かなりの時間を割いて重点的に行っている機能です。また、スコープについての合意の文書を作成するときなどは、プロジェクトマネジメント本部の専門家がプロジェクトマネジャーと一緒に顧客のところに赴いて、サポートすることもあります。「プロジェクトマネジャーの負荷はとても高いものです。ストレスを解消していくサポートをするのも、我々の重要な役割です」と初

田賢司氏は語っています。

同社のプロジェクトマネジメント本部は、現状ではプロジェクトのサイズがある基準以上のものを対象として、サポートしています。

富士通
―――分散していた機能を一体化してPMOを組織化

富士通では、プロジェクトマネジメントの専門スタッフは以前、例えば品質管理を専門にするところ、リスク管理を専門にするところなど、社内に分散していました。組織を一体化して活動しやすくするため、頭にPMOという名前を付け、PMO SIプロフェッショナル室、PMO SI技術統括部などの名前を付け、プロジェクトマネジメントオフィスとして2001年4月に組織化しました。

同社にPMOができたのも、やはり失敗プロジェクトをなくすためです。ここでいう失敗とは、企業の損益という問題だけでなく、納期遅延などで顧客のビジネスチャンスをなくすといった、顧客満足上の問題も指しています。そして、こうした失敗プロジェクトの根本原因はプロジェクトマネジメント力の不足でした。そのため、プロジェクトマネジメントスキルの底上げという根本的な施策実施の必要性がありました。

人材育成とプロフェッショナル制度の確立

富士通では、プロジェクトマネジメントの導入にあたり、教育という視点を重視しています。「PMOの活動内容の中で最初に出てくるのは人材育成であり、プロジェクトマネジメント経験は暗黙知から形式知に高める必要があります」と同社PMO・SIプロフェッショナル室長の八野多加志氏は述べています。

SIプロフェッショナル室は、人材の育成とプロフェッショナル制度の確立を目的に発足しました。各種の教育を企画し、新たなプロジェクトマネジャーを育てる役目です。さらには、プロフェッショナルに対する適切な報酬を与える役割も担っています。

　議論の結果、世界標準としてのPMBOKをベースとして使うことになりましたが、実際の仕事に沿った細かいテンプレートを用意する必要があります。SIプロフェッショナル室では、PMBOKをベースに富士通のシステムインテグレーションBOK（FSI-BOK）を作成しています。

　また、プロジェクトマネジャー育成の一環として、PMプロフェッショナルの情報共有の場であるPMコミュニティ活動を2002年4月から開始しています。このコミュニティは、プロジェクトマネジメント技術、事例研究、人材育成などの分科会の成果を発表したり、人脈作りや交流などを通したプロジェクトマネジャー同士のコミュニケーションの場にもなっています。

日立ソフトウェアエンジニアリング
―――スキル向上のための教育制度と職種認定制度を導入

　日立ソフトウェアエンジニアリング（日立ソフト）がプロジェクトマネジメントの強化を始めたのは、いろいろな業界や顧客と付き合ううえでの環境が次のように大きく変わってきたからです。

- ▶納期の短縮（Web系のソフトは2、3カ月）
- ▶システムの複雑化
- ▶外注先の国際化（中国や韓国など海外の業者）
- ▶品質の高度化（顧客要求への合致）

プロジェクトマネジャーのスキルが従来のままでは環境の変化に追従できず、結果としてプロジェクトがトラブルに陥るケースがでてきたため、同社は重点課題として、プロジェクトマネジャーの強化に取り組んでいます。スキルの向上のためPMPの資格取得講座を設け、さらにプロジェクトマネジャーの職種認定の制度を開始しました。プロジェクトを統轄管理し、そして完遂する責任者としての職種認定をしています。また、次のような施策をとりながら、プロジェクトマネジメント力の向上に努めています。

> ▶CMMIのプロセスにプロジェクトマネジャーのタスクを組み込む
> ▶OJT（重要会議にプロジェクトマネジャーだけでなく、育成候補者も出席など）
> ▶開発計画書レビュー、プロジェクト監査などでのコーチング

　また日立ソフトでは、プロジェクトマネジメントの改善を目的とした部課長向けの品質教育を、さらに新しく開始しようとしています。

プロジェクトの支援組織を設ける

　プロジェクトの支援組織として、日立ソフトはプロジェクトマネジメントの推進グループを作っています。この組織は次のような支援活動を行うことで、プロジェクトのトラブルを防止するための組織的支援を行っています。

> ▶Webを通じての情報提供（定型書式や社内で作った規格）
> ▶見積もり会議、工程会議、プロジェクト監査、開発計画書レビューなどでのコーチング
> ▶プロセスの規格化

- ▶定期的な状況報告と改善策の指摘
- ▶プロジェクトマネジメント用インフラの整備
- ▶トラブルプロジェクトの支援

「プロジェクトがトラブルの時に大切なのは、関係者間の適切なコミュニケーションと、メンバーの士気を維持することです。特に、応援者は前任者を否定することなく、これまでの経緯や人間関係などを引き継ぎ、リスタートの糧として活用することが重要です。そうしないと、さらに失敗を重ねることにつながります」と同社エンタープライズソリューション推進本部 本部長の水野洋蔵氏は語っています。

日本アイ・ビー・エム
――PMの専門職キャリアパスを明確化

日本アイ・ビー・エム（日本IBM）がプロジェクトマネジメントに本格的に取り組み始めたのは、ハードウエア・ソフトウエアという区別ではなく、ビジネスをサービスとして認識した、つまりソリューションとして事業をとらえ始めた時です。同社は1987年にはこうしたシステム構築を請負で行うビジネスを戦略的に事業として開始しています。

1988年にSIPM（システムインテグレーション・プロジェクトマネジャー）という呼称で、プロジェクトマネジャーを職位として明確化し始めました。その後、1992年に全世界で統一したICP（IBM Certified Profession）というプロフェッショナル専門職の資格認定を開始しますが、プロジェクトマネジャーも統一資格の1つとして設定されました。

プロジェクトマネジャー専門職は、次のように大きく2つに区分さ

れています。それぞれの資格の中は、さらに何段階かに分けられています。

> ▶プロジェクトマネジメント・スペシャリスト
> ▶ICPプロジェクトマネジャー

　資格を得るため、試験ならびに面接による審査が設けられています。ICPプロジェクトマネジャー資格取得者になるには、一定以上のプロジェクト実務経験を持つことが前提で、かつPMI主催のPMP試験に合格した上で面接審査を経る必要があります。

　1993年以降は、資格制度と教育制度をリンクした形で運営がなされています。同社はこのように、プロジェクトマネジメントの知識と実績に応じた資格認定制度で、専門職としてのキャリアパスを作り出しています。

プロジェクトのサポート

　PMOという観点では、本社にプロジェクトマネジメントを主管とする部門を設けています。ここではプロジェクトマネジャーの教育、資格審査ならびに啓蒙活動を実施しています。その他の本社機能として、サービスビジネスの営業的な支援を行う部門、サービスビジネスの品質の維持強化を支援する部門も設けています。

　トラブルプロジェクトへの対応専門部門はありませんが、発生トラブルの規模や深刻度に合わせ、上記の本社部門も関与します。プロジェクトは主として産業別（金融、製造、公共、流通、通信など）に組織化されています。各産業の独自性もあり、発生したトラブルも主として各々の産業別部門で対応しています。

　サービスビジネスの品質向上、納期短縮、費用削減の観点から、知

的資産管理（ICM：Intellectual Capital Management）の活用にも同社は積極的です。これは全世界で共用しているものと、日本語の特殊性から日本独自で管理しているものとがあります。プロジェクトマネジメントの観点では、WBSやプロジェクト計画などの活用を実施しています。

プロジェクトの評価は目標の達成度ベース

日本IBMでのプロジェクトの成功の判定は、利益の額の大小で測られるのではありません。特にプロジェクトマネジャーの評価は、最初に与えられた目標値の達成度で行われています。それは、プロジェクトによっては利益が最初から多いものや、逆に戦略的受注で利益が少ないものもあるからです。

「会社が安定的にサービスビジネスで成長していくには、優秀なプロジェクトマネジャーの数を増やしていく必要があります。また、サービスビジネスをITでやる限り、プロジェクトマネジメントは絶対的に欠かせないものであり、車でいえばエンジンそのものです」と同社理事の河村秀夫氏は語っています。

日立システムアンドサービス
──経験をトップダウンで組織に残す

日立システムアンドサービスは、2000年に3社が統合されて設立されたITソリューションの会社ですが、設立当初からトップダウン型でプロジェクトマネジメントへの取り組みが開始されました。それは、当時の社長の名内泰蔵氏（2003年4月から同社顧問）がプロジェクトマネジャーとしての経験に基づいて、プロジェクトの失敗を防ぐには組織内にプロジェクトの経験を残す必要があると判断したためです。

同氏はそのため、自らの経験をベースにしたノウハウ集を作成し、各事業所を回り、約300名の課長職に説明しています。これが、同社のプロジェクトマネジメントのサポートに対する文化育成の土台になりました。「個人だけで考えるのではなく、組織としても考える。そして、企業のDNAに英知を埋め込む。これがプロジェクトの成功に重要です」と同社教育ビジネス推進部長の加藤孝氏も語っています。
　また、プロジェクトマネジャー育成の一環として2001年からは、会社としてPMP資格取得を開始しています。

トラブル時にはPMOの担当者が現場でサポート

　トラブルプロジェクトをなくす目的で、2001年3月にプロジェクトマネジメント部が作られました。この部署の主要な機能は次の通りです。

> ▶プロジェクトマネジメントスキルの提供・普及・定着化のための支援
> ▶モニタリング（問題発見、工程会議等）の運営
> ▶トラブルプロジェクトに関する問題解決の支援
> ▶プロジェクトの進捗、成果に関するデータ収集／分析と経営陣およびプロジェクト関係者への情報フィードバック
> ▶プロジェクト運営ノウハウの蓄積と提供、ルール立案

　特に、モニタリングやプロジェクト評価では、問題点や対策立案を客観的立場で行っています。
　また、プロジェクトでトラブルが発生したときにはプロジェクトマネジメント部の担当者が現場に机を準備し、プロジェクトマネジャーに密着した形でプロジェクト状況の分析やプロジェクトマネジャーのサポートを実施しています。トラブル時は通常より、プロジェクトマ

ネジャーは忙しくなる傾向にあるので、プロジェクトの分析やトップへの連絡書類などの作成をサポートすることで、プロジェクトマネジャーがトラブル自体の対策に時間を集中できるようにするためです。

プロジェクトは金額とリスクなどでレベル0からレベル4まで5段階に区別されていますが、サポート対象プロジェクトは、レベル2以上のプロジェクトになります。

「今後は、プロジェクトでのノウハウをいくつかのパターンとしてケース化していきたい」と同社プロジェクトマネジメント部長代理の千種実氏は語っています。

考察——進化するために組織として行動する

上で取り上げた企業がプロジェクトマネジメントを導入した理由は、大きく以下の3つに分かれます。

> ▶事業環境の変化に対応
> ▶失敗・トラブルプロジェクトをなくす
> ▶ビジネス環境のシフト

この3つの理由は、本質的には次の2つに言い換えられます。

> ▶プロジェクト成功確率の向上
> ▶ソリューションビジネス（総合的な組織力を利用したビジネス）
>   へのシフト

「プロジェクト成功確率の向上」は、プロジェクトでの利益の向上や顧客満足度の向上につながります。企業が簡単なプロジェクトでな

く、不確実性が高いプロジェクトに挑戦することは、それだけ失敗のリスクをとっていることになります。今回取り上げた企業での失敗プロジェクトやトラブルプロジェクトというのは、不確実性または規模、あるいはその両方の点で難しいプロジェクトを意味することが多く、それらに挑戦したゆえに起こったといえます。

　リスクがないプロジェクトを避け、失敗を見かけ上なくすことは、企業自体の相対的な弱体化につながります。企業は、他の会社には難しくても自社では難しくないというように、プロジェクトマネジメント力を高めていっているのです。PMO設立や人材育成、サポートなどの施策でプロジェクトマネジメントを総合的に組織内に定着させ、企業は難しいプロジェクトを克服しようとしています。

　「ソリューションビジネスへのシフト」は、顧客満足や新たな領域へのビジネスチャンスを拡大するのに役立つものです。ソリューションをビジネスにするというのは、顧客がもっている問題や課題に対して、解答を準備し、提供することを意味します。そして、その解答は1つではありませんし、顧客の制約条件に合わせた解答が必要になります。

　それには、企業として総合的な提案力や構築力、そしてそれらを実行できるマネジメント力が必要になります。ここでも、プロジェクトマネジメントを活用してソリューション力を企業として高めていこうという動きが加速しています。

　ここで、注意したい点が1つあります。各企業がプロジェクトマネジメントを本格的に組織として導入した理由、あるいはきっかけは各社各様です。しかし、その理由が何であったかに注目する重要性はあまりありません。なぜなら、進化を目指す限り、プロジェクトマネジメントを全社的に運用する理由は、常に変化していくからです。

　ただ、これだけは言えます。それは、環境や他社が変化、進化して

いる中で変わらないというのは、相対的な企業の競争力や地位の低下を意味しているということです。

　プロジェクトマネジメントが有効かどうか、PMBOKが役立つかどうかなどを検討する段階は終わっています。今から組織が考えるべき重要な点は、いかに企業が成長していくか、競争力を高めるのにプロジェクトマネジメントをどう利用していくのか、ということです。環境、価値観、社会が変わっていくように、企業もプロジェクトマネジメントも共に進化しているという事実を認識することは大切なことです。また、各社の事例が語ることは、自然に放置していては環境に適応できない、競争力が相対的に低下すると組織が考え、各企業が進化に向け本格的に組織として行動に移しているという事実です。

第6章
プロジェクトマネジャーの仕事
―成功請負人としての自覚と成長

　第4章と第5章では、プロジェクトの成功確率と企業の取り組み方という問題を考えてきましたが、ここで、プロジェクトマネジャー個人の視点にもう一度立ち戻ることにしましょう。プロジェクトの成功を探す私たちの旅も、そろそろ終わりに近づいてきました。

　この最終章では2つのテーマを扱います。プロジェクトマネジャーとしてどのように考えて行動したらよいのか、そしてプロジェクトマネジャーにはどんなスキルが必要とされるかという両面から、プロジェクトマネジャーの仕事を考えていきます。

　さて、今まで実施してきたプロジェクトに比べ規模も大きく、新しい領域の難しそうなプロジェクトのプロジェクトマネジャーに任命されたとしたら、皆さんは次のどの反応をするでしょうか。

　「難しそうなプロジェクトだな。もう少し楽なプロジェクトであれ

ばよかったのに。」
「失敗するとしかられそうなので、無難なプロジェクトの担当に代えてほしい。」
「厳しそうなプロジェクトだが、やりがいがある。早く腕を試したいものだ。」

　会社で実施するプロジェクトの場合、プロジェクトマネジャーは多数決で決められるものでも、メンバーの人気投票で決められるものでも、なりたい人がなるのでもありません。ほとんどは会社の意思で決められます。つまり自分の意思に関係なく決められる、といってよいと思います。それは、仕事だからです。誰かが実施しなければならない仕事なのです。

プロジェクトマネジャーになるとは

　プロジェクトマネジャーの役割は、プロジェクトの種類や規模、不確実性で変わるものです。例えば、規模が大きくなればなるほど、関係する人たちが増えるので、コミュニケーション能力が重要になります。会社として経験がない、不確実性が高いプロジェクトでは、リスクマネジメントのスキルが重要になります。
　ただ、規模が小さければプロジェクトが簡単になるわけではありません。規模が大きいと、失敗した場合の損失は大きくなりますが、小さなミスはあまり利益に影響がない場合もあります。一方規模が小さいプロジェクトは、受注金額が小さいため、少しでも失敗するとすぐに赤字になってしまうという難しい側面もあります。300万円で受注したプロジェクトでは、ちょっとした失敗がすぐに2倍、3倍のコスト発生につながるものです。

ここで次の問いを考えたいと思います。

> 「さまざまなスキルをマスターし、経験が豊富な完璧な人でないと、プロジェクトマネジャーは務まらないのでしょうか?」

　もし、スーパーマンや第4章で説明したターザンのような人しかプロジェクトマネジャーには任命できないとすると、ほとんどの会社ではプロジェクトマネジャーの適任者がいないことになります。プロジェクトマネジャーに必要な条件を全て備えているのが理想ですが、理想と現実は異なるものです。

　もちろん、プロジェクトの規模や不確実性に応じ、プロジェクトマネジャーのスキルや経験を考慮して会社は選任するでしょう。また、会社では同時に複数のプロジェクトを実施しています。それを考えると、プロジェクトを100%うまくコントロールできる人だけが、プロジェクトマネジャーに選ばれるわけでないのは当然です

　そもそも、最初から経験者などいません。誰にでも最初はあります。初めてプロジェクトの責任者になったときの、不安と期待の入り混じった気持ちは、誰でもが経験するものなのです。ベテランの人にとっても、同一のプロジェクトは存在しません。新しいことに挑戦するときの期待と不安が入り混じった感覚は、どんなプロジェクトマネジャーにとっても共通のものでしょう。

理想的な環境でなくても

　プロジェクトマネジャーは、プロジェクトを経験するたびに成長していくのが、会社にも本人にも望ましいことです。プロジェクトマネジャーになるということは、顧客に対して会社の代表になったという以上に、自分自身を向上させる良い機会なのです。

まずプロジェクトを成功させようという、前向きな気持ちが大切です。
　「理想的な環境でなくても、とにかく成功させるんだ」という成功請負人としての強い気持ちがなければ、いくらプロジェクトマネジメントを勉強しても、プロジェクトの経験を数多く積んでも、うまくはいきません。
　プロジェクトの成功確率を上げるには、トップの積極的な関与やPMOのような組織としてのサポートがあるほうが良いに決まっています。そこで、「プロジェクトがうまくいかないのはトップのサポートがないからだ」とか「PMOがある会社がうらやましい」と思ったり、感じたりするかもしれません。
　しかし、プロジェクトマネジャーとしては、与えられた条件の中でプロジェクトを成功に導くべく、全力でプロジェクトをマネジメントしていくことが必要です。それが、プロジェクトマネジャーの宿命であり、やりがいでもあります。それは会社だけでなく、自分の成長のためにもなるものです。
　プロジェクトマネジャーは自分の力でプロジェクトを成功に向けてマネジメントしていく。また、会社もプロジェクトマネジャーだけに頼るのではなく、トレーニングやPMOなどで成功確率を上げるように努力していく。この2つの歯車がうまく機能していく会社が21世紀のエクセレント企業になると、筆者は強く信じています（図6-1）。

■ プロジェクトは狩猟型業務

　もし仕事を農耕型と狩猟型に分けるとするなら、プロジェクト業務は狩猟型の仕事に分類できるでしょう。プロジェクトマネジャーは、大昔マンモスを狩っていたグループのリーダーにたとえられることもあります。

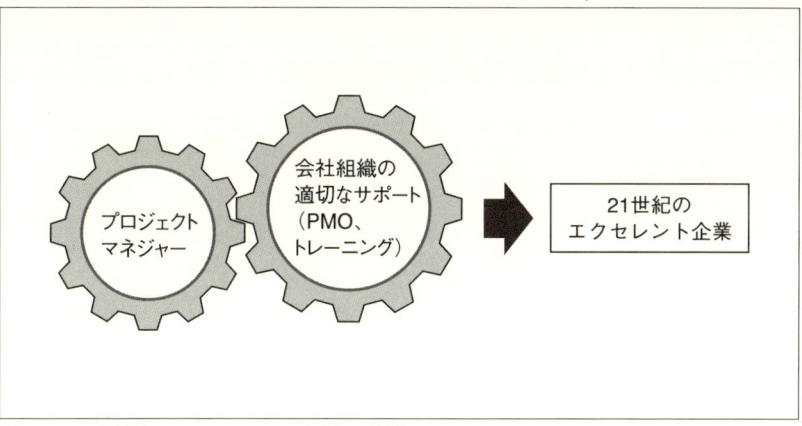

図6-1　21世紀のエクセレント企業の特徴

> Column
>
> ### 自分から仕掛けて検討会を実施する
>
> 「プロジェクトの終了後、プロジェクトの徹底的な検討や反省会は開催されない。ただの形式的な終了報告しか、うちの会社はないんだ」などと、考えるのをまずやめましょう。環境のせいと考えるのではなく、自分が常に試されているのだと考えるのです。会社の今の方法が正しいとは限りませんし、そもそもあなた自身も会社の一部なのです。
>
> 自分から「今度のプロジェクトには多くの教訓がありますし、周りの意見も聞いてみたいと思いますので、プロジェクト終了の検討会をぜひ、開催させて下さい」と行動してよいのです。
>
> プロジェクトの終了後の報告会（検討会）は必ず実施すべきですが、形式的であってはなりません。形式的な儀式のようなものであれば、するだけ時間の無駄です。報告書を作成して提出したら、あとは終了パーティーをやったほうがましでしょう。次のプロジェクトに役立つ教訓やノウハウの蓄積が目的ですから、目的から外れないように工夫をすることも必要です。

プロジェクトは予想外の事項や頭が痛いこともいろいろと起こりますが、動物的本能を満足させてくれる仕事だといえます。あらゆる事態を想定し、事前に対策を打ち、そしてプロジェクトが成功に終わった時の満足感は、何ものにも代えがたい人生の宝物です。

　次にはまた新しく、苦しいプロジェクトが待っているかもしれませんが、1つ1つプロジェクトを成功させ克服していくことで、実績と自信が付いていきます。失敗したとしても、これを次のプロジェクトへの教訓ととらえ、次には克服していく気構えが大切です。

　プロジェクトが失敗すると、プロジェクトマネジャーは責任を問われるかもしれません。それはこの仕事柄、仕方がないことです。自分を責めたりせずに、次回のプロジェクトでの成功を目指すことが大切です。少なくとも、同じ失敗を繰り返さないようにするために、徹底的にプロジェクトの失敗の検討を行って、自分の判断・行動で何が不足していたのかを検討することです。自分だけでは難しいときには、PMOのメンバーや他の人の意見を率直に聞いてもよいでしょう。

■「プロフェッショナル」の条件

　不確実性が高くて規模が大きなプロジェクトを成功させる確率が高いプロジェクトマネジャーは、優秀なプロジェクトマネジャーと呼べるでしょう。そのようなプロジェクトマネジャーになるために何が必要かを考えてみます。優秀なプロジェクトマネジャーとは、プロフェッショナルと呼びかえることもできます。

　そもそも、プロフェショナルとアマチュアの違いは何でしょうか。

　プロフェッショナルは仕事によって報酬を得る人、アマチュアは報酬を得ない人、というのが一般的な定義です。とはいえ、現実には報酬を得ている人でもアマチュアといった方がよいような人もいます。

では、何をもって区別したらよいでしょうか。

その目安は、第1に顧客の要求に適切に対応できるかどうかだと筆者は考えています。仕事でどんなにスキルがあっても、顧客の意見や要求に適切に対応できない人は、プロとは呼べないということです。

第2は、自分がプロジェクトを実施する環境が通常のものから変わったとしても、適切に遂行できる能力があるかどうかです。今まで仕事をしてきた仲間同士であればプロジェクトをうまくコントロールできるが、新しいメンバーの中では力が発揮できない、ということであればプロフェッショナルとは呼べないでしょう。

優秀なプロジェクトマネジャー（プロフェッショナル）になるには、次の3つが不可欠です**(図6-2)**。この3つについて順番に見ていきましょう。

▶ **成功への強い意思**
▶ **実務経験を財産として活かす**
▶ **プロジェクトマネジメントを勉強し、実務に利用する**

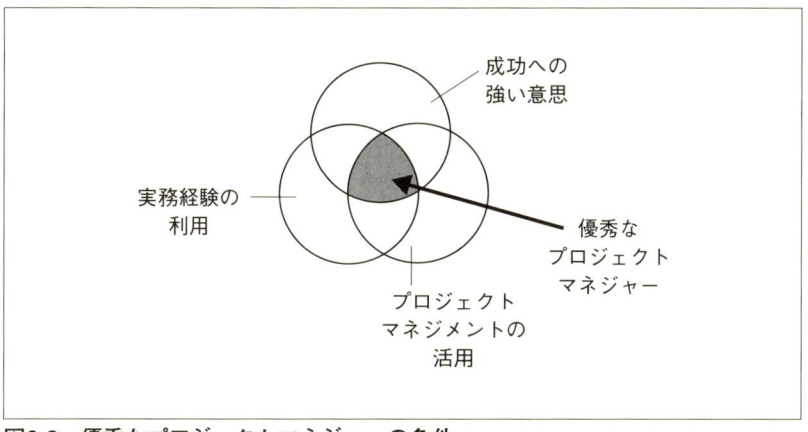

図6-2　優秀なプロジェクトマネジャーの条件

成功への意思がある人は、不利な状況をプラスに考える

　成功への強い意思がまず何にもまして重要なことを、繰り返して強調してきました。意思があるのとないのとでは、プロジェクトへの取り組みも変わってきます。それは、一見自由がないように感じられる状況を、プラスのものととらえることにもつながります。

　プロジェクトマネジャーは、プロジェクトを遂行するのに必要な権限を、全能の神のように与えられることはないものです。それどころか、権限などろくに与えられていなかったり、あいまいであったりすることが多いのが現状です。

　しかし多くの場合、「これこれの権限は与える」とは決まっていないけれども、「これこれはしてはいけない」と決まっていないと考えることもできるのです。いろいろなことを実行できる自由は、実は思う以上にあるといえます。

　筆者が今までお付き合いした企業のトップの人たちは、とても柔軟性があり、前向きです。プロジェクトマネジャーは、自分で考える以上に自由があると筆者は感じています。ただ、そのことに気付かなかったり、過去の慣習で自らを縛ったりしていることが多いのです。

　会社のトップが考えること、望むことはプロジェクトの成功です。そのために必要であれば、多くの場合、過去の習慣を変えることも了解してくれる――そう信じています。

　筆者自身が会社でプロジェクトを担当していたときには、なかなかここで述べたように自分を解放することができませんでした。ただし、次のことは言えます。それは、うまくいったり、上司から評価されたりしたプロジェクトの多くは、どちらかというと従来の慣習にとらわれないで遂行したものだった、ということです。

筆者がもし今、プロジェクトを担当するとしたら、まず以下のようなステップを踏んでから、実行にとりかかるでしょう。

> 1. プロジェクトを成功させるにはどのようなことが必要なのかを、自由に考える（束縛を外して考えるのがポイント）
> 2. 会社で変えたい点や必要なサポートについて考える
> 3. 上司と相談する。うまくいかなかったときの言い訳でなく、事前に必要だと信じることを話す
> 4. 決まったことを、まず自分が実施するプロジェクト環境だと認識する。そして、プロジェクトの計画を行う

ここで大切なことは、現実にできることのうち、大切なことを選んで最初に実施することです。

最初に実施すべきことを最初にやるという基本原則は、何にでも通用します。決して2番目に重要なことを最初にしてはいけません。プロジェクトマネジャーはいろいろなことを並行して計画したり、実施したりすることがありますが、一番大切なのは優先順位を間違えないことです。

> **プロジェクトを成功させるのに何が必要なのかを考える。
> そして、最初になすべきことを最初に行う。**

いままでうまくいった方法や行動規定が、皆さんが今担当しているプロジェクトに適しているとは限りません。もし必要な権限があれば、プロジェクトのスポンサー（部長や役員）に相談することです。積極的に自分から行動しないと、誰も代わりに行動してくれる人はいません。プロジェクトマネジャーはあなた自身だからです。

過去から学ぶプロフェッショナルは、不測の事態にも対応できる

　優秀なプロジェクトマネジャーの条件のその2は、「実務経験を財産として活かす」ことでした。1人の人間が経験できる内容より、過去に多くの人間が経験した内容の方が豊かであるのは当然のことです(図6-3)。

　仕事を進める上で、ベテランの方が新人より適切な判断を行えることが多いのは、能力の差というより、経験の差が大きいといえます。「百聞は一見にしかず」というように、実際に体感してみなければわからないことは少なくありません。

　プロジェクトでも同じです。いろいろな苦労や失敗をしながら学ぶことはたくさんあります。過去の成功や失敗の事例や教訓、ノウハウを活用したほうが成功する確率が高くなるのは、繰り返すまでもないでしょう。

　しかし、過去の社内プロジェクトのノウハウや教訓を、実際に吸収して自分のプロジェクトに活かしているプロジェクトマネジャーは、一体どのくらいいるのでしょうか。ほとんどの場合、自分自身の経験

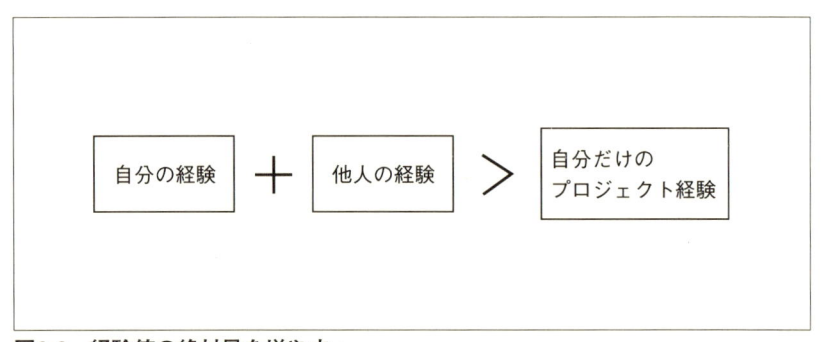

```
┌─────────┐   ┌─────────┐      ┌──────────────┐
│ 自分の経験 │ ＋ │ 他人の経験 │  ＞  │ 自分だけの      │
│         │   │         │      │ プロジェクト経験 │
└─────────┘   └─────────┘      └──────────────┘
```

図6-3　経験値の絶対量を増やす

か、せいぜい自分にかかわりのある周囲のプロジェクトから教訓を得る程度ではないでしょうか。とりわけ、過去の失敗事例を理解した上でプロジェクトを実施しているプロジェクトマネジャーは、あまりいないのではないかと思います。

プロジェクトでは、予期しないことや避けられない事態も発生します。それらの影響を最小限にするため、過去から学べることはたくさんあります。以下の飛行機事故のケースを見てみましょう（参考文献：デイビッド・ゲロー、「航空事故——人類は航空事故から何を学んできたか」、イカロス出版）。

*　　　*　　　*

1989年7月19日、乗客296人を乗せたシカゴ行き232便のDC10型機は、離陸後1時間後に突然第2エンジンが故障・爆発し、3つある油圧系統がすべて遮断されました。その結果、操縦桿が操作できなくなってしまいました。

同型機はエンジンが3台あるので、エンジン1台が故障しても飛行には問題ありませんが、油圧系統に問題があるとコックピットから機体を制御できなくなります。そのため油圧は3系統あり、今回のように3系統とも操作できなくなることは想定されていませんでした。当然、緊急マニュアルにも記載されていません。

コックピットはパニックに陥っていましたが、たまたま乗客の1人にパイロットの訓練教官のデニー・フィッチ氏が乗っていました。彼は飛行機のゆれが異常なために異変に気付き、協力を申し出てコックピットに入りました。機長は操縦桿での操作をあきらめ、一か八かの策に出ることにしました。それは、左右のエンジンの出力を調整することで機体を制御して、着陸させようというものでした。この手動で

のスロットル調整はデニー氏が行いました。

　このような操作は当然、訓練項目に入っているものではありません。これで飛行機を操作するのは、初めてであれば不可能に近かったでしょう。

　ただ幸運なことに、デニー氏はフライトシミュレーターでこのスロットルだけでの操作訓練を経験していました。1985年の日航ジャンボ機の事故の原因が油圧系統のトラブルで、操縦桿を操作できない事態が発生していたため、デニー氏は自分だったらどうするのかを考え、練習していたのです。

　彼は操縦桿をまったく使わずに、左右のエンジンのスロットル調整だけでスーゲートウエイ空港にDC10を着陸させました。着陸寸前の横風で機体が傾き、機体は分解しましたが、奇跡的に296名中184名が助かったのです。

　このデニー氏の活躍は、過去の大事故の教訓をもとにシミュレーションしていたからできた行動です。もし練習なしでこのようなエンジンの調整だけの機体制御を試みていたら、うまくいかずにおそらく墜落していたでしょう。

　また、このスーゲートウエイ空港は「飛行機が着陸時クラッシュし、150人の生存者がいる」という設定で、最近2年間実地練習を行なっていました。練習の成果が実を結ぶ形で、232便のDC10型機が視界に入る前から救急隊、地域病院のスタッフ、警察、消防隊という、日頃訓練をしている災害医療チームが空港で待機しており、迅速な対応で負傷者の救出にあたりました。

＊　　＊　　＊

　この事件は私たちに重要な教訓を与えてくれます。

プロジェクトを遂行する上で、失敗がないということはありません。しかし、最悪の事態だけは避けるようにすべきです。そのためには、過去から学んで最悪の事態に備えて準備する必要があるということです。

その時点にさかのぼって「自分ならどうする」と考える

　世の中は予期しないことの連続ですが、致命的な失敗は避けるような事前準備は欠かせません。そのためには、自分の経験だけでなく、他の人、他部署、他事業部、他社、異なる業界からでも学ぶところは多くあります。少なくとも、自分の実施している同様のプロジェクトの失敗事例を検討する必要はあります。そこで重要なのは、その時の状況や環境、精神状態などを考え、「自分ならどうするか」という視点で考えることです。決して、結果から考えてはいけません。

　私たちが、歴史や過去のプロジェクトの失敗を考える上で犯しやすい間違いは、現時点から考えてしまうことです。その時点にさかのぼって自分ならどう考えるのか、どうするのかを検討することが大切です。

　例えば、1969年7月20日にアームストロング船長を乗せたアポロ11号が月への着陸に成功しました。1960年代が終わる前に人間を月へ着陸させ、安全に帰還させるという米国の目標が達成されたのです。現在の視点では、このプロジェクトはすんなり成功したように思えますが、当時の状況を考えてみたいと思います。

　アポロ計画に計上された予算は300億ドルといわれます。当時の為替レート（1ドル＝360円）で、約10兆円以上という想像を超えた巨額な予算が投入されました。国家予算の5％を超えるところまで予算は増えていきました。しかし、このプロジェクトが本当に成功するかどうかは、誰にもわからなかったのです。もし、もっと技術的な進歩が

進んでから実行しようとしたら1969年の打ち上げはできなかったでしょう。

ただ、このプロジェクトの優先順位は明らかに日程でした。これは、ケネディ大統領が1961年5月の緊急特別教書で「1960年代に月に人を送り安全に帰す」という目標を明確にしたからです。このプロジェクトの優先順位が明確になったことが、不確実なプロジェクトを成功させる要因の1つになったと思われます。

さてこの辺で、優秀なプロジェクトマネジャーの条件その3「プロジェクトマネジメントを勉強し、実務に利用する」に移ります。

まず、プロになるには勉強しなければなりません。勉強は机の上でなくてもできますが、プロとして活躍するにはそれなりの体系的な知識は絶対に必要です。プロジェクトマネジメントを体系的に勉強し、理論武装するのはとても大切なことです。

ここでは、プロジェクトマネジメントの体系から、見落とされがちですが重要と思われるところを選んで眺めていくことにしましょう。そして、プロジェクトマネジャーに必要なスキルについて、皆さんに理解していただきたいと思います。

最も重要なコミュニケーションスキル

プロジェクトマネジャーにとって最も重要であるといわれているのは、コミュニケーションスキルです。「コミュニケーション」というと、単なる会話や話術のように思う人もいますが、プロジェクトマネジメントでのコミュニケーションは、情報の伝達のことを意味しています。単に正しい情報を伝えるだけでなく、プロジェクトの失敗要因である情報の不正確さを排除し、誤った情報の流布を防ぎ、誤解を解消してプロジェクトを成功に導くという大事な目的があります。

ところで皆さんは、米国のプロジェクトマネジャーが一般にどのくらい、コミュニケーションに時間を費やしていると思いますか。
　なんと、全仕事時間の75〜95％といわれています。
　プロジェクトの種類や規模にもよるでしょうが、これはかなり高い数字です。この数字は、プロジェクトを成功させるために、プロジェクトマネジャーがコミュニケーションに多くの時間を割かなければならないことを示しています。
　特に、プロジェクトサイズが大きくなればなるほど、コミュニケーションの必要性は高まります。その理由は、適切なコミュニケーションが欠けると、プロジェクト関係者のパフォーマンスが低下し、プロジェクトでいろいろな誤解やミスが発生するからです。
　ここで重要なのは、コミュニケーションは手段であって目的ではないという点です。やみくもにたくさんのコミュニケーションを実施すればよいのではありません。プロジェクト全体のパフォーマンスを高めるために、コミュニケーションを実施するのです。
　では、プロジェクトマネジャーは、どのようなコミュニケーションを実施したらよいのでしょうか。

コミュニケーションの中心だと自覚して計画を立てる

　まず、プロジェクトマネジャーはプロジェクトを一緒に遂行していくプロジェクトチームと十分なコミュニケーションをとることが必要です。もし、適切なコミュニケーションが不足すると、プロジェクトの目的とは異なる方向に向かってプロジェクトチームが進んだり、パフォーマンスが高いプロジェクトチームの育成ができなくなったりします。

また、会社のトップ、顧客、ベンダー、関連部署、その他のステークホルダーとのコミュニケーションもとる必要があります。

　つまり、プロジェクトマネジャーはプロジェクト遂行上、全てのコミュニケーションの中心なのです。プロジェクトマネジャーが、適切な情報を提供したり、逆に受け取ったりできないと、プロジェクトは機能不全に陥ったり、誤った方向に向かうことになります。

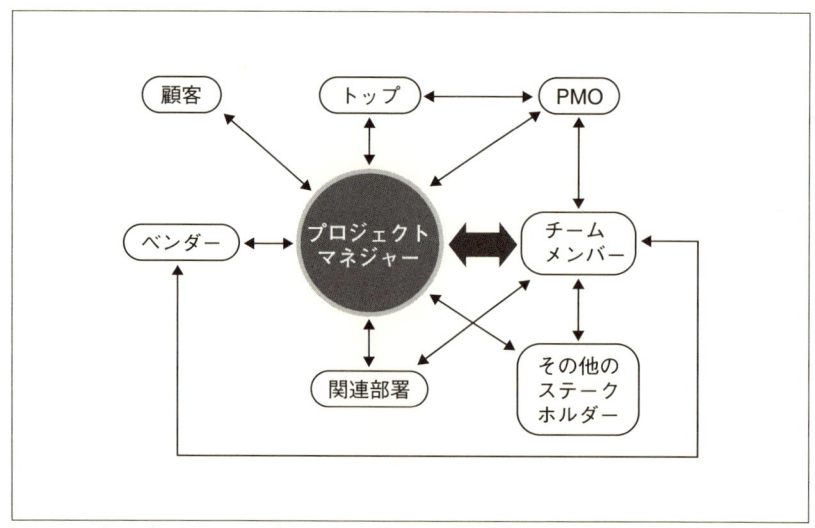

　まず、プロジェクトマネジャーは自分がコミュニケーションの中心であることを、十分に自覚する必要があります**(図6-4)**。

　では、具体的なコミュニケーション計画を考えてみましょう**(図6-5)**。ここでのキーワードは「ステークホルダー」です。

STEP1：ステークホルダーを特定する。

　プロジェクトを遂行する上では、多くのステークホルダー（利害関係者）が存在します。プロジェクトマネジャーが適切なコミュニケー

図6-4　プロジェクトマネジャーはコミュニケーションの中心

```
Step 1 → ステークホルダーの特定 ←
  ↓
Step 2   影響力調査
         要求事項
  ↓
Step 3   計画作成
```

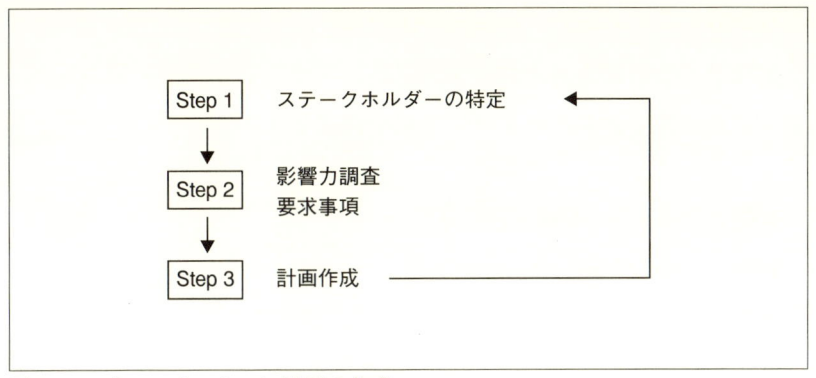

図6-5　コミュニケーション計画の作成

ションを実施するには、当然のことですが、コミュニケーションを行う対象をまず明確にする必要があります。

　例として、政府から依頼されたシステム改造プロジェクトを考えてみます。

　政府の担当者、会社トップ、プロジェクトチーム、上司、関連部署、ベンダー、PMO、システムのユーザー、既存の旧システム構築会社、家族（プロジェクトマネジャーが単身赴任などの場合）などがステークホルダーになるでしょう。

STEP2：ステークホルダーの影響力評価と要求の調査

　次はステークホルダーがプロジェクト活動に関して与える影響を評価します。STEP1で洗い出したように、いろいろなステークホルダーが存在します。どこまでをコミュニケーションの対象とするのかを決める必要があります。そのために、プロジェクトの進行やチームのパフォーマンスに対してどれくらい影響力があるのかを評価します。また、ステークホルダーがプロジェクト活動に対して、どのようなことを望んでいるのか、あるいは望んでいないのかを調査します。

STEP3：コミュニケーション計画の作成

STEP 2の結果をもとに、STEP 1のステークホルダーに対して、次の点からコミュニケーション計画を作成します。

> ▶誰にどのような情報を伝えるのか。
> ▶誰から何の情報を得るのか
> ▶手段はどうするのか（会議、Eメール、報告書など）
> ▶情報の発信・受信のタイミングをどうするか
> ▶頻度はどのくらいか（毎日か、1カ月に1回でよいかなど）
> ▶緊急性はどのくらいか

ここで注意したいのは、情報が多ければ多いほどよいというわけではない点です。情報は、相手が必要とする情報だけで十分なのです。必要以上に詳細にすると、自分にとって負担になるだけなく、相手にとっても読むのに余分な時間を強いることになりかねません。

例えばトップであれば、A4の用紙1枚に要約した書類と口頭の説明で十分な場合もあります。

顧客にとっては最重要な窓口

プロジェクトマネジャーにとって最も重要なコミュニケーション対象は顧客です。顧客のほうも、プロジェクトの代表責任者であるプロジェクトマネジャーを、発注した会社の最重要なコミュニケーションの窓口と考えています。

プロジェクトマネジャーは、最終成果物（プロジェクトで作り出して顧客に納める対象）を作ることだけを考え、社内だけに目を向けているわけにはいきません。なぜならば、プロジェクトの目的は成果物

をただ作り出すことではなく、顧客が満足する成果物を作り上げることだからです。

特にITのシステム構築の場合、プロジェクトの開始時点では顧客がまだ十分にほしいものを詳細に定義できない傾向があります。プロジェクトを進行させながら詳細を決めたり、スコープの変更にも適切に対応したりしながら、プロジェクトを進めていく必要があります。それには、顧客との信頼関係に基づくコミュニケーションが必要不可欠です。それなくしては、プロジェクトを正しく進めることはできません。

とはいえ、顧客は決して物分かりがよいわけではありません。費用の上乗せなしでのスコープの追加といった無理な要求や、プロジェクトに対する非協力的な態度に遭遇することは、往々にしてあります。これこそが、現実そのものです。

このような状況に対し、逃げたり愚痴を言ったりしてもはじまりません。問題のある状況は、克服すべき対象ととらえなければなりません。もし全てが順調であれば、プロジェクトマネジャーは誰にでも務まります。

どのようなプロジェクトでも問題は起こります。どんなに似たプロジェクトでも、まったく同一の状況はありえないからです。プロジェクトマネジャーは、1つ1つの問題に対してどのように考え、行動するのかでその存在意義を問われるのです。

■ スポンサーには定期的な報告を

プロジェクトスポンサーとは、プロジェクトを社内で実施することを決めた人であり、プロジェクトマネジャーを任命する役員クラスなどの経営トップが該当します。プロジェクトの遂行に関して、最終的

に意思決定する人と考えればよいでしょう。

　プロジェクトを効果的に進めていくには、スポンサーの協力が欠かせません。社内の関係者の協力を得たり、プロジェクトマネジャーが判断できないことへのサポートを得たりする必要があるからです。

　スポンサーと適切なコミュニケーションをとっていないと、スポンサーが協力したくても、できないこともありえます。そのためには、スポンサーに対して次のような報告を行うようにします。

▶プロジェクトの状況を定期的に報告する
　悪い情報であればあるほど、早めに伝えることが大事です。
▶プロジェクトの進捗情報を定期的に伝える
　読むのに時間がかからないように、報告者は簡潔にまとめます。
▶今後のプロジェクトの見通し（予想）を示す
　「点」ではなく、「幅」を示すことが重要です。これについてはスポンサーとディスカッションすることになります。仮定にもとづく予想であり、議論が分かれやすい部分だからです。誰も将来のことを正確には予想できません。

なぜラインマネジャーとのコミュニケーションをとるのか

　プロジェクトマネジャーは、関係する部署の部長など、ラインマネジャーとも適切なコミュニケーションをとる必要があります。

　それは、単に上司への報告義務があるからではありません。プロジェクトで問題が発生したときなど、応援を依頼する可能性があるからです。皆さんが設計部長だとしたら、次の2人のプロジェクトマネジャーに対してどのように感じるかを考えてみて下さい。

> **ケース1**
>
> プロジェクトマネジャーAさんは、設計部長には最初にプロジェクトでの計画を説明しており、特にプロジェクトの途中経過を説明する必要はないと考えている。プロジェクトの設計スケジュールが遅れてきても、ぎりぎりまで話をしない。弱音を吐きたくないという気持ちもある。

> **ケース2**
>
> プロジェクトマネジャーBさんは、今度のプロジェクトでの設計期間は厳しいものがあるため、いざというときに応援を出してもらえるように、プロジェクトの途中経過について報告と説明を行うようにしている。

どちらのプロジェクトマネジャーに対して、設計人員の応援など積極的なサポートを与えたいと思うかは、自明でしょう。

定期的にプロジェクトの状況を説明していれば、ラインマネジャーも「すこし危なくなってきたな。準備でもしておくか」と、漠然であっても何がしかの行動ができます。それ以上に、Aプロジェクトマネジャーのように困ったときにしか連絡しないとしたら、たとえ上司でも、サポートしようという気持ちが萎えてしまうものなのです。

ネゴシエーション力を鍛える

プロジェクトマネジャーにとって、ネゴシエーションを行う能力はとても重要なスキルといえます。

プロジェクト遂行に必要なメンバーを集めるには、なかなか首を縦に振ってくれない各部の部長とネゴシエーションをする必要が出てき

ます。プロジェクトマネジャーは通常、部長などのラインマネジャーに対して命令できる権限は与えられていません。

　特別なスキルを持っている社員を期間限定で自分のプロジェクトに参加してもらうため、他のプロジェクトマネジャーとの間でもネゴシエーションが必要になることがあります。また、見かけのコストだけで外注先を決めようとする調達部に対しては、コストは多少高くてもプロジェクトマネジメント能力が高い業者の方がトータルコストが安く、メリットが多いという点を納得させる必要も出てきます。

　こういったネゴシエーションは、プロジェクトマネジャーの毎日の仕事として存在し、避けることができない性質のものです。

　そのためには、問題やコンフリクトがある場合、逃げないことが大切です。逃げなければ、何らかの対応をしなければなりません。

　これが良いトレーニングになります。ネゴシエーション力を鍛える良い方法は、問題から逃げないことです。

　ネゴシエーションがマニュアルどおりでうまくいくことはありません。なぜなら、皆さんが直面する問題は過去と同じではないからです。似ていても、状況や相手などが異なるのです。最終的には、人格を含めた全ての勝負になります。そして、言い訳をしないことです。

ヒューマンスキルがチームのパフォーマンスを高める

　プロジェクトは1人で遂行するものではありません。プロジェクトを成功させるには、プロジェクトチームのパフォーマンスが高くなくてはいけません。プロジェクトマネジャーの能力が個人的にどんなに優れていても、チームとしてのパフォーマンスが悪いと、プロジェクトを適切にコントロールするのは難しく、成功させることができなくなります。

> **Column**
>
> ### 大規模プロジェクトほど意思決定できる能力が重要に
>
> 　優秀なプロジェクトマネジャーを育成するのには時間がかかるので、プロジェクトマネジャーを契約によってその都度、外部からつれてくるという考え方があります。しかし筆者は、会社がプロジェクトの遂行を重要なものと位置付けるのであれば、プロジェクトマネジャーは社内で育成すべきだと考えています。なぜなら、プロジェクトマネジャーは、単にプロジェクトを遂行する責任者というのにとどまらず、会社の方針や利益を考慮した形で意思決定を行う必要があるからです。
>
> 　今から実行しようとするプロジェクトで、プロジェクトマネジャーの適任者が見つからない場合、プロジェクトマネジャーに足りないスキルをサポートする専門家を利用する方法もあります。
>
> 　例えば大がかりなプラント関係の仕事では、プロジェクトでの意思決定に必要な技術知識を持ったプロジェクトマネジャーは、なかなか見つからないものです。こうした業界では、技術的事項をサポートするサブプロジェクトマネジャーをプロジェクトマネジャーの補佐役としてつけることが一般的です。大規模なプロジェクトの場合ほど、プロジェクトマネジャーに必要とされる資質は、技術的なスキルよりもコミュニケーションや適切に意思決定ができる能力に比重が移っていきます。

　チームのパフォーマンスを高めることは、プロジェクトマネジャーの責任です。

　そうはいっても、チームのパフォーマンス向上が自分の責任だと考えるプロジェクトマネジャーは、それほど多くはありません。「チームは会社組織から与えられたもので、自分にその責任はない」とプロジェクトマネジャーは考えてしまうのでしょうか。

しかし繰り返しますが、チームのパフォーマンスを高めることは、プロジェクトマネジャーの責任です。それは、プロジェクトマネジャーとして任命された以上、プロジェクトの成功確率を上げるために行うことは、全てプロジェクトマネジャーの責任といえるからです。

チームのパフォーマンスを上げるためには、適切かつ活発なコミュニケーションなどが必要です。プロジェクトマネジャーは、そのためにチームビルディングスキル、リーダーシップスキル、そして効果的なコミュニケーションスキルなどの「ヒューマンスキル」を身に付ける必要があります。

筆者の経験では、プロジェクトを遂行するうえで一番難しいのは、このヒューマンスキルに関する部分です。そもそもこれらのヒューマンスキルは、学習によって身に付けることが難しい性質のものです。しかし、学習する必要がないかといわれれば、そうではありません。正しく適切なトレーニングを行うことで、ヒューマンスキルを身に付けるスピードを加速させることが可能だからです。トレーニングは触媒の役目を果たすものといえます。

ここでは、プロジェクトマネジメント体系の入門の意味も兼ねて、こうしたスキルについて簡単に紹介することにします。

チームビルディングの本当の意味

プロジェクトチームはプロジェクトを遂行するために編成された臨時的なチームです。最初からパフォーマンスが高い良いチームが出来ていることは、めったにありません。このチームの進化の過程に関して、1977年にビーダブル・タックマンとマック・ジェンスンが次のようなプロセスを発表しています。

```
形成 (Forming)      : メンバーが形成された状態
   ↓
嵐の状態 (Storming) : メンバー間のコンフリクト (衝突) が始まる
                     状態
   ↓
規範 (Norming)      : メンバーが互いに信頼し、協力して活動を
                     実施する状態
   ↓
実行 (Performing)   : メンバーが自らモチベーションを高めながら
                     積極的に行動できる状態
   ↓
解散 (Adjourning)   : チームの解散
```

チームはこのように、単なる集団からパフォーマンスの高い優れたチームに進化していくことが理想ですが、自然に任せていては、いつまでも「嵐の状態」のまま留まっているかもしれません。そこで、プロジェクトマネジャーがチームビルディングを実施していくことが大切になります。

チームビルディングは英語でTeam Buildingと書くので、「チーム作り」と和訳されている場合が多いようです。しかしこれでは、チームビルディングの意味を「チームを構成するメンバーを集めてくること」と解釈してしまいます。チームビルディングの本当の意味は、いろいろな個性を持ったメンバーをパフォーマンスの高いチームに作り上げていく、能動的活動を指しています。

プロジェクトに関しては、次の3つのステップをイメージするとわかりやすいと思います (**図6-6**)。

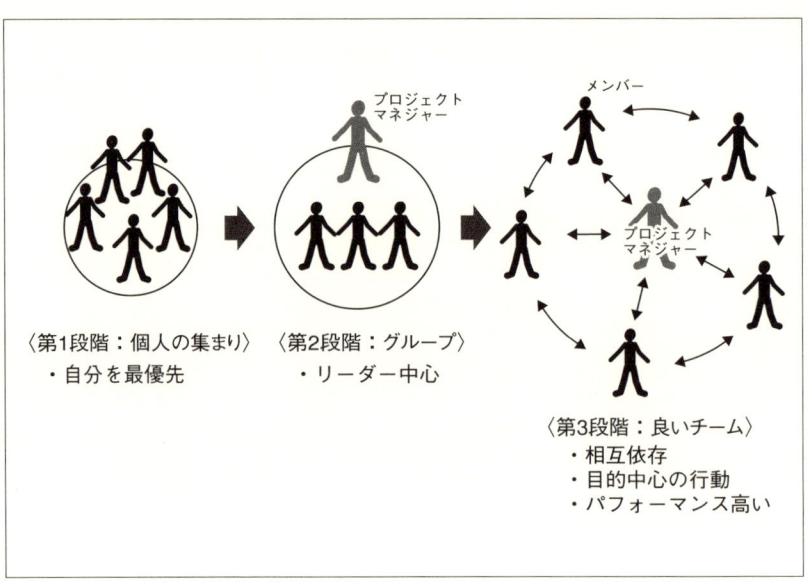

図6-6 チームビルディングのステップ

第1段階：個人の集まり

　プロジェクトメンバーが自分のことを優先させる状態です。「このプロジェクトは自分にどのような利益があるのか」などと自分中心に考え、チーム全体での活動に興味がない状態です。自己中心的な状態といってもよいでしょう。

　チームとしてのパフォーマンスは一番低い状態です。

第2段階：グループ

　この段階は、プロジェクトマネジャーの指示に従ってメンバーが行動できる状態です。集団としての活動がリーダー中心で行える段階です。第1段階よりもチームのパフォーマンスは向上しています。

第3段階：良いチーム

　この段階は、一番パフォーマンスが高い状態です。メンバー同士が信頼関係で結ばれ、お互いを必要としている相互依存が出来上がっています。また、メンバーは自分のことよりも、チームとしての目的を優先させることができます。

　チームビルディングとは、このような段階を経てパフォーマンスが高いチームを作り出していく過程なのです。

　最初から「良いチーム」の状態であることを、プロジェクトマネジャーは期待してはいけません。特に、初めて仕事をするメンバーでチームが構成されている場合には、上の第1段階からのスタートであることを意識し、階段を上がっていくように進化させることを考えましょう。

　チームビルディングを行う上では、次の4つを意識的に実施することが大切です。

> ▶ ビジョンを明確にする
> ▶ プロジェクトのルールの作成
> ▶ オープンなコミュニケーションを行う
> ▶ プロジェクトマネジャーがリーダーシップを発揮する

　プロジェクトマネジャーは、顧客とコミュニケーションし、成果物に目を向け、さらに上記のようなチームのパフォーマンスを改善する行動をとる必要があります。こう考えると、プロジェクトマネジャーの負荷はとても大きいものです。プロジェクトマネジャー1人が努力するのではなく、良いチームになるようにメンバーが努力することも、とても重要になります。

プロジェクトメンバーは、良いフォロワーシップを発揮しなくてはなりません。次の点に注意します。

> ▶ リーダーの決定に対して最善を尽くす
> ▶ 自分の仕事と他の人の仕事との関係を明確に把握する
> ▶ リーダーにインスピレーションを与える
> ▶ リーダーが業務を遂行しやすいように配慮する

メンバーは、リーダーの欠点を探す前に、自分の責任を果たすようにしなければならないのです。そして、良いフォロワーシップを発揮できる人が次のリーダーとして活躍していくことになると、筆者は考えています。

顧客にスコープ管理の重要性を理解してもらう

第3章で「スコープクリープ」という問題を取り上げましたが、それに対していかに対応するのかも、プロジェクトマネジャーの重要な仕事の1つです。

クリープ（creep）とは「徐々に進行していく、滑っていく」という意味です。そして、スコープクリープとはスコープ（仕事の範囲）がすこしずつ広がっていくことを指します。特にITプロジェクトでは、スコープが狭まることはほとんどなく、プロジェクトの進行とともにスコープは広がる傾向があります。

プロジェクトマネジャーは、スコープを常に頭に入れて行動しなければなりません。「スコープなくしてプロジェクトなし」と自分に言い聞かせるくらいでもよいでしょう。

この仕事には、顧客とのコミュニケーションスキルが大きくものを

> ## Column
>
> ### ビジネススキルの必要性
>
> 　良いプロジェクトマネジャーになるためには、ビジネスを行う上での最低限のスキルは必要です。契約書の読み方から電話の対応、議事録の作成方法、指示書の作成方法、社内での書類の流れ、報告方法、メンバーとの接し方など、知らなければならないことはたくさんあります。
>
> 　技術的な業務ばかりで、顧客と接する仕事の経験がない人ほど、これらのスキルは未熟な傾向があります。しかし本人に意欲さえあれば、短期間にクリアできる程度の内容です。
>
> 　問題があるのは、技術的なことを知っていれば十分だとか、プロジェクトマネジメントの用語やプロセスを知っていれば大丈夫だとか思い込んでいる人です。
>
> 　プロジェクトマネジャーは会社の代表です。一般的なビジネススキルは持っていて当然と、外部からはみなされます。顧客にとってはプロジェクトの成果物だけではなく、どのような態度や姿勢で仕事に臨んでいるのか、感じが良いのか悪いのか、信頼できるのかできないのか、などの事柄も顧客満足度の判断基準になるのです。

言います。例を挙げましょう。

　あるプロジェクトマネジメント講習会で、筆者は食事中に１人の受講生から次のような相談を受けました。その受講生が、できるだけ明確に仕事が定義できるように見積もり書を作成したところ、顧客から「君は見積もり書の作り方も知らないのかね」と非難されたというのです。彼は「そんなにはっきり書くものではなく、あいまいに書くんだ」と指示されて、悩んでいました。

　スコープを明確に定義するのは、受注者側にとってだけ都合が良いのではありません。顧客にとっても良いことなのです。この顧客は、

あいまいな見積もりであれば、変更があったときも追加費用を請求されないと考えていたのかもしれません。しかし、それは大きな間違いです。

実はあいまいさは顧客、受注者、どちらにとってもコストアップにつながる要因なのです。例えば見積もりする側は、あいまいな部分はリスクとして考え、高い見積もりになる可能性があります。それは顧客にとって良いことでしょうか。

また、あいまいであれば、顧客が自分の思い通りに追加であれこれ依頼しても、受注者側がただ従う、などということは現在なくなっています。それは、ただ従うだけの理由がなくなっていることに加え、損失を許容できる余裕がなくなっているからです。

本来、プロジェクトの成功は発注者、受注者どちらにも望ましいものです。お互いが敵で、パイを奪い合う関係ではないのです。ゼロサムゲームではないのですから、Win-Win（どちらも勝者）の関係を構築することが可能なのです。

プロジェクトマネジャーは、Win-Winがどのような状態であるのかを見極め、計画し、顧客にそれを理解してもらう必要があります (図6-7)。つまりプロジェクトマネジャーは、自社にも顧客にとっても理想的な状態をイメージし、それを関係者に同様にイメージさせて、プロジェクトの成功というゴールに向かってコントロールしていくという、高度なヒューマンスキルを駆使する必要があります。これはまさしく、プロフェッショナルの仕事です。

■ 変更をマネジメントするため、手順をしっかり定義する

プロジェクトを実施している途中で、終了した部分に影響がある変

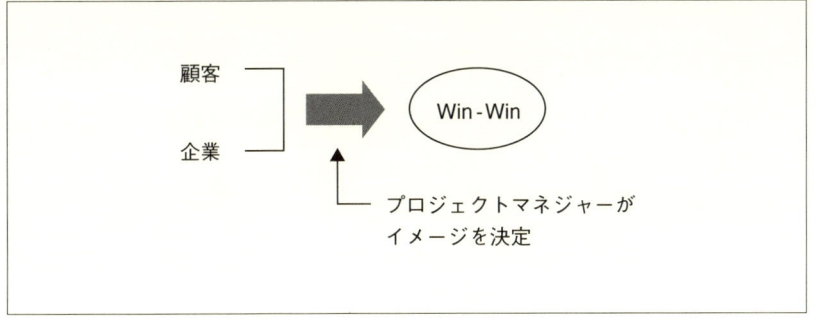

図6-7　Win-Winの関係を作る

更は、できるだけ避けたいのが人情です。しかし、避けることができない場合も数多くあります。プロジェクトにおける変更は、避けるものではなく対応していくもの、言葉を換えればマネジメントしていく対象です。

　ただ、「変更をマネジメントする」と口でいうのは簡単ですが、実行するのはとても難しいことです。顧客により、口頭で変更の指示を行ったり、現場に直接指示したりする場合があります。1日に変更依頼や検討依頼を何十も出してくる顧客もいます。その場その場の対応では、とうてい十分な管理はできません。

　もし会社組織で標準的な手順が決めてあれば、それが利用できます。ただ、プロジェクトの内容や顧客によっては、標準的な手順が適切でない場合もあります。できるだけ早い段階で顧客と打ち合わせし、プロジェクト開始前に変更に関する手順を決めておくことが肝心です。

　手順が事前にしっかり定義されていないと、プロジェクトの途中でどのようにしようか迷ったり、顧客のペースで対応せざるをえなくなったりなど、問題が生じてきます。プロジェクトメンバーが検討のため時間を消費すれば、それがコストにはね返ります。

　変更管理の基本的なステップを次に示します。

> 1. プロジェクトで利用する変更管理手順を顧客と決める
> 2. 変更が正式に出てきたら、プロジェクトチームがインパクト調査を実施する（インパクト調査とは、その変更を実施する上での次の影響を調べること）
>   - コストインパクト（コストがどのくらい上がるか）
>   - スケジュールインパクト（スケジュールでの変更、納期への影響）
>   - 品質インパクト（全体の品質への影響）
>   - 何かリスクが発生しないかの検討
> 3. 以上に加え、その変更はできれば実施したいものか、必ず実施しなければプロジェクトの目的を達成できないものなのかを検討する
> 4. 変更管理委員会で最終決定する

リーダーシップの基本的な理論を学ぶ

　プロジェクトマネジャーは、リーダーシップに関する基本的な理論を知っておかねばなりません。知っていることと実行できることは異なりますが、先人の知恵を知って、それを自分なりに消化して活用できれば、プロジェクトマネジャーの有効な武器になります。

　残念ながら、全ての人にリーダーシップを身に付けさせる、確実な方法はありません。ただ、プロジェクトマネジャーはリーダーシップを発揮するのが自分の責任であるという自覚を持つことは大事です。プロジェクトを成功に導くことが自分の責任であり、それにはチームメンバーの協力が必要だからです。

　では、プロジェクトマネジャーとしては、どんなリーダーシップを発揮すればよいのでしょうか。ここで次の疑問を考えてください。

　「リーダーシップは誰にでも同じように適用できるのでしょうか？」

「権限委譲はできるだけ多くしたほうがよいのでしょうか？」
「メンバーにはできるだけ詳細に指示を与えたほうがよいのでしょうか？」

これらは、誰でもが悩む問題です。今まで自分流のリーダーシップスタイルでうまくいっていたのに、新しいメンバーではうまくいかなくなる、ということも往々にして起こります。

ここで、状況適応型のリーダーシップ理論がプロジェクト遂行の参考になるので、ポイントを紹介しておきます。状況適応型リーダーシップの考え方は、1972年にポール・ハーシー、ケネス・H・ブランチャードらによって整理されたもので、メンバーのスキルとモチベーションを考慮し、どのような行動（リーダーシップ）を発揮したらよいのかを示したものです。

次のように、メンバーの能力と意欲や自信に従って4つのレベルに分類します。そして、それぞれ異なるリーダーシップスタイルを適用します。

> R1：与えられた仕事に対して十分な実行能力がなく、意欲が低いか不安を示す
>
> R2：与えられた仕事に対して十分な実行能力がないが、意欲はあるか自信は持っている
>
> R3：与えられた仕事に対する実行能力はあるが、意欲が弱いか不安を示す
>
> R4：与えられた仕事に対する実行能力はあり、意欲または自信も持っている

図6-8は、上の4つのグループを、業務指示の必要性と、コミュニ

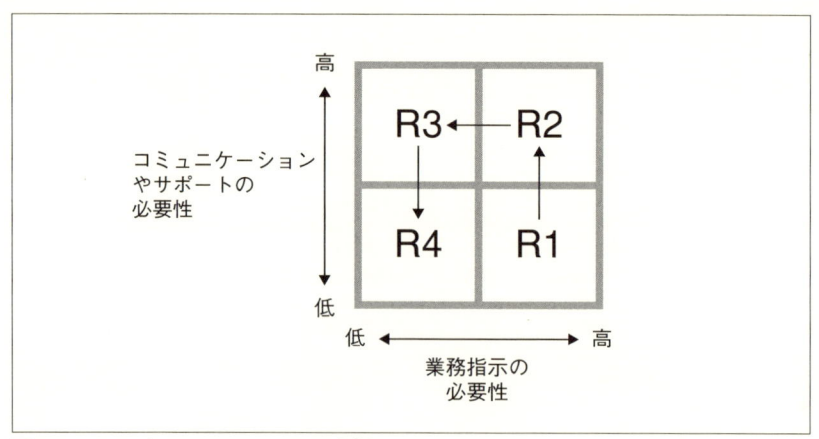

図6-8　メンバーのマトリックス分析

ケーションやサポートの必要性という2つの軸を使ってマトリックス分析したものです。これにもとづいて、各グループには図6-9のようなリーダーシップスタイルを適用します。これが状況適応型リーダーシップです。

■「小さな勝利」を演出する

　リーダーシップに関連して、ここでチームのモチベーションについて考えてみましょう。人間は機械ではありません。やる気、モチベーションでパフォーマンスは異なります。

　特に期間が長いプロジェクトや採算的にも厳しいプロジェクトでは、メンバーのモチベーションを高く維持するのは困難です。プロジェクト期間が長いと、プロジェクトチーム内ではどうしても集中力が続かなくなったり、気持ちが緩んだりします。時には殺伐とした雰囲気になって争いが生じたり、欠点を指摘し合ったりする事態になることもあります。それが、いわゆるガス抜きや気分転換になればよいの

グループ	適用するリーダーシップスタイル
R1	指示型
R2	コーチ型
R3	サポート型
R4	権限委譲型

図6-9　状況適応型リーダーシップの適用

ですが、単にモチベーションが下がり、やる気が失せてくるようなら、プロジェクトの進行に支障が出ます。

　プロジェクトマネジャーは、常にメンバーのモチベーションをモニターしなくてはなりません。そして、モチベーションが下がらないように、いろいろな企画を行うことが大事です。

　例えば、プロジェクトをフェーズに分けた場合、フェーズの終了ごとに簡単でもよいのでお祝いの催しをしたり、功労者にプレゼントを渡すなどの会を企画します**(図6-10)**。気を付けないといけないのは、あまり形式的にしないことです。形だけのパーティーや集まりは何の意味もなく、参加者にとって苦痛なだけです。効果的なコミュニケーションの促進や、チームビルディングに役立つようにできれば、申し分ありません。

　困難で厳しいプロジェクトほど、途中でこうした「Small Win」(小さな勝利)を計画すべきです。例えば、1年以上に及ぶプロジェクトでは、3カ月ごとにフェーズ成果物完成のパーティーを企画したり、そのフェーズの貢献者に賞状や記念品を送ったりするなどの工夫を行

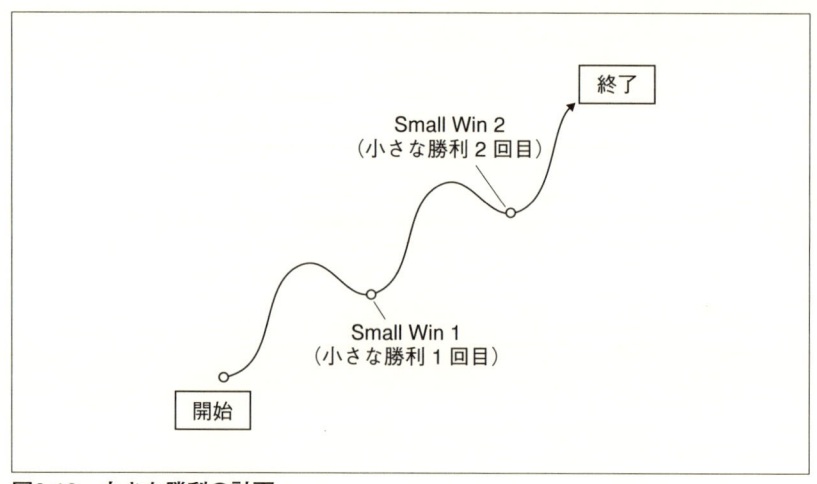

図6-10　小さな勝利の計画

うとよいでしょう。長期のプロジェクトの中に節目ができ、それが達成感や自信をチームメンバーに持たせることにつながり、新たなやる気も湧いてきます。

　自信とモチベーションを向上させるためにSmall Winを計画し、実行するのはプロジェクトマネジャーの責務です。それができるのも、プロジェクトマネジャーだけなのです。

ステークホルダーマネジメントを実施する

　プロジェクトを実施していく上では、多くの個人や組織が直接的にまた間接的にプロジェクトに関与していきます。プロジェクトマネジャーがプロジェクトを正しく進めていくには、これらの関係者や組織についても考慮する必要があります。

　「ステークホルダー」という言葉がこれまで何度か出てきました。ここで、その意味を再確認しておきます。プロジェクトで、良い影響

も悪い影響も含め、それを受けたり与えたりする個人や組織を、ステークホルダー（stakeholder）と呼びます。この言葉はよくプロジェクトでは使用しますから覚えておいてください。

このステークホルダーの期待やプロジェクトへの影響を充分に理解していないと、適切な人を意思決定に関与させないなどの問題が発生し、プロジェクトの進行の妨げになったり、やり直しになったりすることがあります。

ステークホルダーは、1次的と2次的に分けることがあります。1次的ステークホルダーとは契約やプロジェクト組織上での直接的な利害関係者で、顧客、プロジェクトマネジャー、プロジェクトチームメンバー、上司、会社の上部マネジャー、ベンダーなどが該当します。

一方、2次的ステークホルダーとは、住民、メディア、家族、消費者団体などがあてはまります。

ステークホルダーマネジメントとは、1次的ステークホルダーの目的を達成できるようにしながら、2次的なステークホルダーの満足を高めたり、マイナスの影響をできるだけ減らしたりすることを意味しています。

ステークホルダーマネジメントの基本ステップは**図6-11**のようになります。

このステークホルダーマネジメントにどのくらい時間をかけるか、あるいはどれだけ深く行うかは、プロジェクトによります。いずれにせよプロジェクトマネジャーは、主要なステークホルダーを特定して、どのような影響があるのか、どのような関係を持つべきかを、必ず考える習慣を付けるべきです。

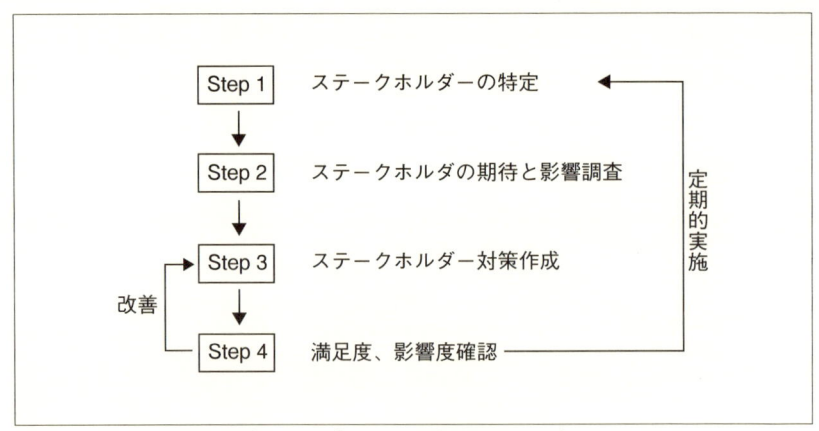

```
    ┌──────┐
    │Step 1│  ステークホルダーの特定  ←──┐
    └──┬───┘                              │
       ↓                                  │
    ┌──────┐                              │定
    │Step 2│  ステークホルダの期待と影響調査│期
    └──┬───┘                              │的
       ↓                                  │実
    ┌──────┐                              │施
┌──→│Step 3│  ステークホルダー対策作成    │
│改善└──┬───┘                              │
│      ↓                                  │
│  ┌──────┐                                │
└──│Step 4│  満足度、影響度確認 ──────────┘
   └──────┘
```

図6-11　ステークホルダーマネジメントの基本ステップ

「戦略的」なプロジェクトプランを立てる

　プロジェクトプランを立てるのも、プロジェクトマネジャーの大事な仕事です。第3章で触れたように、計画は変更を前提に作るものです。

　これは、プロジェクトプランなどそもそも必要はない、という意味ではありません。最初から詳細すぎる計画を作るべきではない、ということです。計画なしでプロジェクトがうまくいくのは、全くの偶然によるものか、新規性が何もない繰り返し的なプロジェクトの場合だけです。ハロルド・カーズナー博士は「計画しないのは、失敗へ向けての計画だ」と語っています。

　プロジェクトマネジャーにとって大事なのは、「戦略的」なプロジェクトプランという考え方です。戦略的プロジェクトプランとは、単にプロジェクトを遂行していくためのスケジュールや予算で構成された計画書を作るのではなく、プロジェクトを取り巻く環境やステークホルダーの動向なども考慮して、プロジェクトの目的を達成できるように「事前」にプロジェクト遂行の手段を用意しておくことです。

そのためには、プロアクティブ（能動的）な思考法が必要となります。「プロアクティブ」とは事前に計画して行動することです。この反対なのが、パッシブ（受身）です。何か問題が起こってはじめて、それに対応するやり方がそうです。

例えば、重要な部品の入荷遅れが判明し、大慌てでそれに対応するのはパッシブ型の対応です。これに対して、プロアクティブな対応では、事前に部品の納期遅延まで考えて計画を作成し、不足の事態に備えて手を打っておきます。

プロジェクトマネジャーは、プロアクティブ型でなくてはいけません。この思考法は、そのままリスクマネジメントにもつながります。

許容できるリスクを見極める

リスクのないプロジェクトはありません。特にシステム開発のプロジェクトは、建物を作るような建設プロジェクトと比べて、リスクが大きいといえるでしょう。

顧客が追加要求を出しすぎて対応に時間がかかった、ベンダーが納期の約束を守らなかった、顧客内での意思統一ができていないのでプロジェクトが進まなかった、顧客の担当者が多忙できちんと対応してくれなかった——その気になれば、うまくいかなかった理由はいくらでも挙げられます。これらは事実かもしれませんが、プロジェクトマネジャーがそれらを言い訳にはできません。

プロジェクトマネジャーは、上のようなリスクに対して適切に対応するために、リスクマネジメントをきちんと実施しなければなりません。第4章で紹介したように、リスクマネジメントの基本的な考え方は難しくなく、すぐ実地に応用できるものです。

優秀なプロジェクトマネジャーは、許容できるリスク範囲を見極め、

対応できる人です。リスクをとるには必ず許容範囲を考えなくていけません。

例えば納期が1日も遅れることができないプロジェクトで、うまくいくと300万円利益が増えるが、失敗すると納期が遅れてしまう技術を採用できるでしょうか。できないはずです。しかし、納期遅延が起こる確率が極端に少ないか、納期遅延の確率を少なくできる対策が取れる場合は、その技術を採用するという判断をプロジェクトマネジャーは下せるかもしれません。

リスクを予測して対策するとはどういうことか、例を見てみましょう。

市役所からの依頼でシステム開発を実施しているとします。この市役所では人事異動が年に1回あり、担当者が変わることがあります。プロジェクトマネジャーの候補が2人います。Xプロジェクトマネジャーはリスクマネジメントをしない人で、問題があれば人海戦術で対応するのを得意とします。一方Yプロジェクトマネジャーは、リスクマネジメントが得意です。以下の2つのケースで、それぞれの行動がプロジェクトに与える影響を考えてみましょう。

> **ケース1**
> プロジェクト期間中、プロジェクトに関係する顧客の担当者の異動がなく、引き継ぎなどの問題は発生しない。

> **ケース2**
> プロジェクト期間中、顧客の担当者が異動になった。引き継いだ担当者は前任者との約束等を十分に理解していない。

ケース1の場合では、Xプロジェクトマネジャー、Yプロジェクトマネジャーのどちらでも問題はありません。ただし、Yプロジェクト

マネジャーはリスク対策をした分、Xプロジェクトマネジャーよりも時間とエネルギー、そしてコストを消費します。

ケース2の場合、Xプロジェクトマネジャーは新担当者との間で細部の確認をその都度することになり、納期遅延などの問題につながる可能性があります。Yプロジェクトマネジャーは、担当者の異動をリスクとして考えていたため、打ち合わせで必ず議事録を作ってサインをもらっています。担当者が代わっても、問題なくプロジェクトを遂行できます。

いかがでしょうか。リスクに対して対策をとることは、時間、エネルギー、コストがかかるものです。また、リスクは将来に対する不確実性を含んでいますから、必ず起こるとは限らないものです。したがって、プロジェクトマネジャーが想定される全てのリスクに対して対策を実施するのは、コストと時間の点で現実的ではないかもしれません。

しかし、プロジェクトに対して大きな影響を与えるリスクに関しては、必ず事前の対策を行う必要があります。たまたま運がよく、リスクが起こらなかったからといって、次のフェーズや次のプロジェクトでも起こらないとは限りません。リスクマネジメントはプロジェクトマネジャーがリーダーシップを発揮して必ず実施すべきものの1つです。また同時に、許容できる範囲でリスクをどのようにとるのかという判断も、プロジェクトマネジャーの重要な仕事になります。

そして、第3章で説明したことの繰り返しになりますが、プロジェクトでの本当のリスクは、気付いていないリスクです。

会社と顧客の2つの視点で確認する

次のやりとりを考えてみましょう。

プロジェクトマネジャー（以下、PM）「どうして私が責められないといけないのですか。私のプロジェクトは成功したんですよ。」
営業「どうして成功といえるんですか。」
PM「だって、最初の予算通りで、納期にも間に合ったし、機能も仕様通りなのですよ。」
営業「ただ、顧客は二度と仕事を依頼したくないといってきたんですよ。今回のプロジェクトを利益がほとんどないにもかかわらず受注したのは、一にも二にも顧客開拓のためなんですからね。」
取締役「・・・・」
PM「プロジェクトを成功させるためには、顧客の要求をいちいち聞いていてはダメだと判断しました。顧客の要求を検討しながらプロジェクトを進めると時間がかかりすぎます。追加費用ももらえないことが多いので、会社のためにプロジェクトの当初計画以外の変更を認めない形で進めました。利益も10％出しました。褒めてもらえるものだとばかり思っていました。営業部のいう顧客満足のためにプロジェクトを進めて、赤字になってもいいんですか。その場合の、プロジェクトマネジャーとしての私やメンバーの評価はどうなるんですか。」

　皆さんはもう、完全に理解していると思います。プロジェクトマネジャーは、会社がプロジェクトを実施する意味と、顧客がプロジェクト実施する理由や達成目標について、十分把握していなければいけません。すなわち、会社と顧客という2つの視点を持つ必要があります。次の質問を必ずするように心がけましょう。

　　「今度のプロジェクトの実施は、会社にとってどんな意味があるのですか？」
　　「今度のプロジェクトを実施することで、顧客はどんなことを達成

しようとしているのですか？」

質問には10秒もかかりません。それが、大きな意味を持ちます。

必要なプロジェクト組織を柔軟に作り出す

　プロジェクトを遂行していく組織は会社から与えられるものであり、変えるものでない——プロジェクトマネジャーは、そんなふうに考えてはいけません。プロジェクト遂行組織は、プロジェクトの規模や性質、組織としての新規性、期間、重要性を考えて柔軟に作り出すものです。

　ただ、組織の設計に関しては、十分な注意が払われていないケースが多いようです。それは、なぜでしょうか。プロジェクトを遂行する組織についての基本的な知識がない、従来のやり方を変えることへの抵抗感がある、といった理由があるのでしょう。

　プロジェクトを遂行する組織の構造は、一種類に固定されているのではありません。図6-12は、代表的な組織形態を3つ示したものです。これらを念頭に置いて、次の点を考えるようにしましょう。

> ▶実施するプロジェクトの形態と特徴
> ▶実際にプロジェクトを遂行する上で適切な形態かどうか

　組織の改善または変更が必要だと判断したら、上司やスポンサー（トップ）に相談しましょう。特に、今まで会社が経験したことのないプロジェクトを実施する場合や、プロジェクト遂行の実績があまり思わしくない場合には、組織形態の変更も考える必要があります。プロジェクトを遂行する組織は、プロジェクトが成功できるように変え

機能型組織

```
                         社長
      ┌───────────┬──────────┼──────────┬──────────┐
  〈営業部門〉   〈品質部門〉   〈設計部門〉   〈製造部門〉
   営業部長      品質部長      設計部長      製造部長
      │            │            │            │
     室長          室長          室長          室長
      │            │            │            │
    スタッフ       スタッフ       スタッフ       スタッフ
```

〈特徴〉
・リソースの柔軟な配置　・プロジェクトマネジャーの権限が弱い
・指揮命令系統が明確　　・1人のボス

プロジェクト型組織

```
                    社長
      ┌──────────────┼──────────────┐
  〈プロジェクトA〉    〈プロジェクトB〉    〈プロジェクトC〉
   プロジェクト       プロジェクト       プロジェクト
   マネジャー         マネジャー         マネジャー
      │                │                │
   チームメンバー      チームメンバー      チームメンバー
      │                │                │
   チームメンバー      チームメンバー      チームメンバー
```

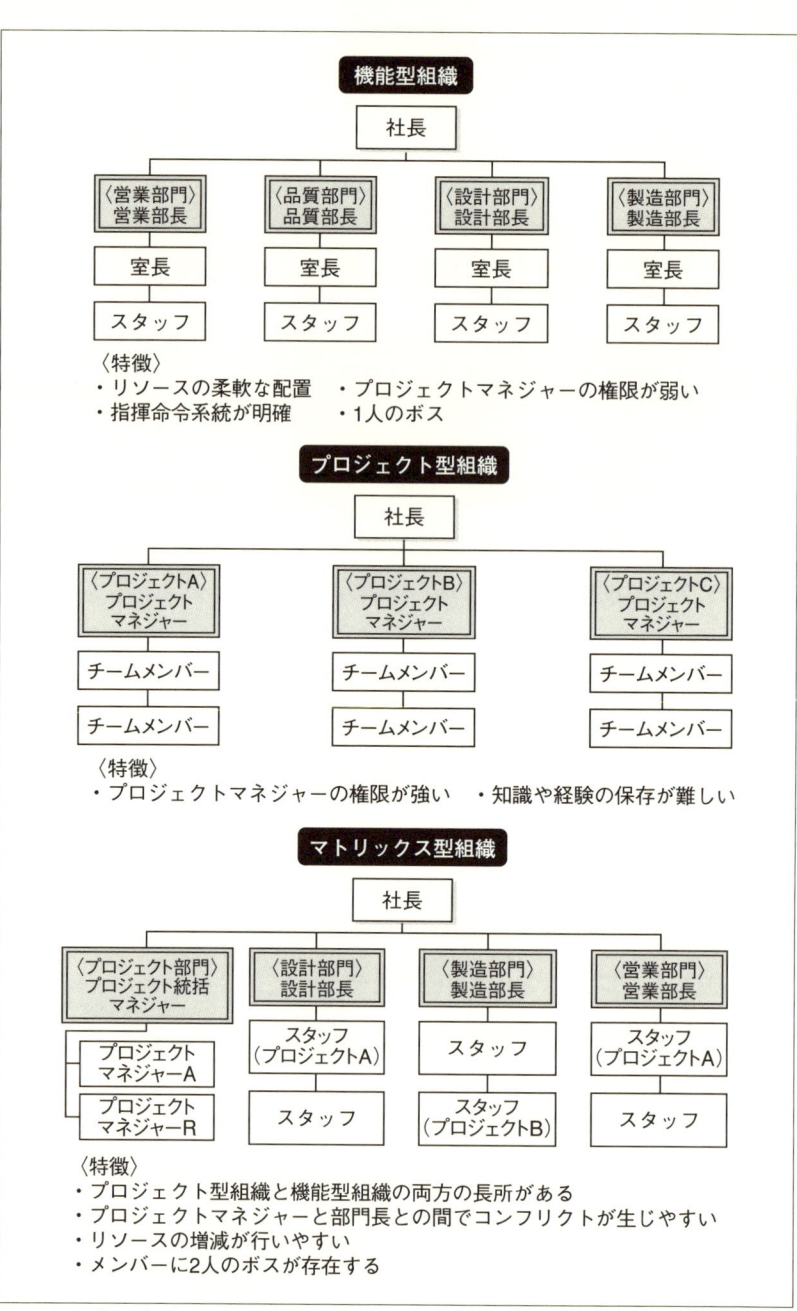

〈特徴〉
・プロジェクトマネジャーの権限が強い　・知識や経験の保存が難しい

マトリックス型組織

```
                         社長
      ┌───────────┬──────────┼──────────┬──────────┐
  〈プロジェクト部門〉 〈設計部門〉   〈製造部門〉   〈営業部門〉
   プロジェクト統括    設計部長      製造部長      営業部長
   マネジャー
      │                │            │            │
   プロジェクト       スタッフ       スタッフ       スタッフ
   マネジャーA       (プロジェクトA)              (プロジェクトA)
      │                │            │            │
   プロジェクト       スタッフ       スタッフ       スタッフ
   マネジャーB                      (プロジェクトB)
```

〈特徴〉
・プロジェクト型組織と機能型組織の両方の長所がある
・プロジェクトマネジャーと部門長との間でコンフリクトが生じやすい
・リソースの増減が行いやすい
・メンバーに2人のボスが存在する

図6-12　プロジェクト遂行組織の形態

るべきなのです。

グローバルチームを作る

　企業の枠を超え、さらには国境を超えてプロジェクトを遂行していくことは、昨今では珍しくありません。社内のメンバーだけでプロジェクトチームを作れるとは限らない時代になりました。

　その場合に問題になることとして、チームのパフォーマンスが挙げられます。他の国のメンバーや組織を巻き込んだ、グローバルチームのパフォーマンスを上げることは容易ではありません。今まで仕事をしてきたやり方が、それぞれ大きく異なるからです。また、物事の考え方も違います。

　プロジェクトの主体が自分の会社だという理由で、彼らにこちらの仕事の進め方を押し付けようとしても、うまくいきません。他の国の人は、日本人の仕事のやり方がベストだなどとは感じていないのです。プロジェクトチームは半永久的な関係ではなく期間限定の組織であるため、彼らに対して与えられる影響力も限られます。

　自分たちの組織外のメンバー、特に異文化のメンバーと仕事をする上では、そのプロジェクトに適合したプロジェクトの進め方、すなわち標準的なプロジェクト体系が必要となります。仕事のやり方を体系的に整理していないと、きちんとした形で説明することが難しいからです。

　ここでいう標準的なプロジェクト体系は、国際的に通用するものでなければなりませんが、すべての国のプロジェクトに適用できる体系が必要なわけではありません。実施したいプロジェクトに関係するステークホルダーにとって、最適なものにすれば十分です。

プロフェッショナルとしての資格や知識

　医者や弁護士が専門職として認められるには、実務スキルだけでなく、体系的な教育を受ける必要があります。そして、試験を受けて資格を取得しなければなりません。同様にプロジェクトマネジャーも、プロジェクトマネジメントの専門的な知識体系は当然、頭に入れておかねばなりません。実務経験があり、プロジェクトを成功させられるといっても、専門用語の意味がわからないようではプロとは呼べません。

　では、どのような体系的知識や資格を持っていればよいのでしょうか。

　筆者はプロジェクトマネジメントの知識体系として、米国PMI（プロジェクトマネジメント協会）によるPMBOK（プロジェクトマネジメント知識体系）をまず勉強するのがよいと思います。これは、英語以外に7カ国語に翻訳されて出版されています。プロジェクトマネジメントの考え方や手法に関しては、国境はありません。

　PMBOKはプロジェクトのいろいろな標準的手法などで構成されており、聞きなれない用語も数多く出てきますが、筆者が自分の経験と照らし合わせてみると、体系的によく整理されていると感心するところがたくさんあります。

　PMBOKは米国で最初に整理されたものですが、4年ごとに更新されます。世界中の専門家やプロジェクトマネジメントに従事している人が、インターネットを利用して改定作業に関わっています。決して米国流のやり方の押し付けではありません。

　PMBOKを知っていると、社外や海外ともプロジェクトを遂行していく上で、コミュニケーションをとりやすくなります。自分の仕事の進め方を体系的に見直すのにも役立ちます。

　PMIが認定するPMPの資格取得を目指すのも、短期間にPMBOKの

内容を理解するのに役立つのでお勧めできます。

ただ、資格や体系的知識をもっていればプロと呼べるわけではありません。

PMBOKを知っているプロジェクトマネジャーとそうでない人では、経験的レベルが同じであるとすると、知っている人のほうが体系的にプロジェクトを遂行できる分、プロジェクトを成功させる確率が高いといえるでしょうが、それ以上のものではありません。

PMBOKでの知識体系を知っている上での競争が、本当の競争といえます。

自分を高める

プロジェクトマネジャーの仕事をいろいろな角度から検討してきましたが、皆さんはどのように感じたでしょうか。

大変に責任が重い仕事だとか、毎日の仕事に追われているので、頭ではわかっているがなかなか実行できそうにない、と感じた人も多いのではないでしょうか。

しかし、プロジェクトは1人で行うものではありません。チームで行うものです。信頼できる仲間と適切な会社のサポートがあってはじめて、難しいプロジェクトは成功します。自分が最初から全てを満足にできることを期待する必要はありません。

理想的な姿をイメージできることは重要です。理想的な状態と現実とのギャップに、どのように対処するかも皆さんの判断の1つです。本章で述べたように、プロジェクトを遂行していくプロジェクトマネジャーの役割は、皆さんが自分で考えている以上に広いものです。そしてそのことが、多くの成長を促す良い機会になります。

プロジェクトを遂行していくこと自体を自分の勉強であるととらえ

てみましょう。いろいろなアイデアを出したり、リーダーシップの勉強をしたりするチャンスと考えるのです。プロジェクトを達成したことは、人生の大きな宝になります。失敗しても、その教訓を活かせれば失敗にはなりません。本当の失敗は、失敗したことにより自信をなくしたり、教訓を社内に残さなかったりすることなのです。

多くの問題が起きたり、人間関係の悩みなどが生じたりするでしょうが、それは先人のプロジェクトマネジャーたちもみな体験していることなのです。積極的にプロジェクト全体を計画し、リスクを分析し、チームビルディングを図りながら、毅然とした態度でプロジェクトを成功へと導いていきましょう。

結び——プロジェクトを成功させたい全ての人のために

実は筆者は、プロジェクトを成功させたいという意思を持つ全ての人々を念頭において、この本を書きました。

私たちの周りには、IT分野に限らず数限りないプロジェクトがあります。公共事業、学校、企業、ボランティア活動などいくらでも例は挙げられます。プロジェクトがどのようなものであれ、プロジェクト活動にはリソースが消費されます。

リソースとはお金、人材などの資源を指します。ボランティアといえども、参加する人の貴重な時間を利用しています。公共事業であれば税金が消費されます。会社のプロジェクトの場合は、コストだけでなく社員の貴重な時間も使用されます。プロジェクトを成功させることは、有限な資源にとっても大切なことなのです。私たちは、現在のため、また将来の子供たちのためにもプロジェクトを成功させる努力をしなければなりません。

また、プロジェクトが成功するのは自分たちのためでもあります。

プロジェクトの途中で、くじけそうになったり大変な苦労をしたりしても、終了したときの達成感、爽快感、解放感は、経験した人だけが味わえるご褒美であり、人生の足跡なのです。

　本書でも述べましたが、プロジェクトは全てが成功するわけではありません。ただ、成功の確率を個人レベル、組織レベル、国レベルで向上させることはできます。それには、成功させようとする意思がまず必要です。それがプロジェクト成功の原点です。

　明日からのプロジェクトの成功のために、もし本書がお役立ちできれば、筆者のこの上ない喜びです。

謝　辞

　この本のタイトルである『プロジェクトはなぜ失敗するのか』は、日経BP社出版局の鈴木亨さんと、プロジェクトについての話をしている時に偶然決まったものです。
　プロジェクトは失敗をベースに考えることで行動が変わり、成功の確率も上がるという基本コンセプトはありましたが、実際、書き始めると簡単なようで難しいテーマでした。
　鈴木亨さんとは、本書の内容や構成に関して、幾度となく自由にディスカッションを行ってきました。納期の設定などのタイムマネジメントも絶妙に実施していただきました。これらの適切なサポートがあって、どうにか本書は完成できたと感謝しております。
　また、企業事例では、プロジェクトマネジメントの取り組みなど、ヒアリングのご協力を頂きました多くの方々がいます。これらの皆様にも感謝の気持ちを捧げます。ありがとうございました。

参考文献

- リチャード・コッチ、「人生を変える80対20の法則」、TBSブリタニカ、1998年

- The Standish Group, "Chaos Chronicles v3.0," 2003.

- Harold Kerzner, "In Search of Excellence in Project Management: Successful Practices in High Performance Organizations," John Wiley & Sons, 1998.

- Harold Kerzner, "Strategic Planning for Project Management Using a Project Management Maturity Model," John Wiley & Sons, 2001.

- デイビッド・ゲロー、「航空事故―人類は航空事故から何を学んできたか？」（増改訂版）、イカロス出版、1997年

- B.W. Tuchman and M. A. Jensen, "Study of Small Group Development Revisited," Group and Organizational Studies, 1977.

- Paul Hersey and Kenneth Blanchard, "Management of Organizational Behavior," Prentice-Hall, 1979.

- 伊藤健太郎、「成功するプロジェクトマネジメント」、中央経済社、2001年

索 引

英数字

1次的ステークホルダー ……………………………………………193
2次的ステークホルダー ……………………………………………193
COE ……………………………………………………………………115
KKD ……………………………………………………………………59
Lose-Lose ………………………………………………………………42
Microsoft Office Project …………………………………………53, 138
OJT ……………………………………………………………………60
PMBOK ………………………………………101, 102, 127, 145, 147, 202
PMCOE …………………………………………………………………115
PMI …………………………………………………………………86, 102, 202
PMMM …………………………………………………………………98
PMO ………………………………………30, 49, 84, 115, 137, 145, 146, 150
　―導入のステップ ……………………………………………122
PMP ……………………………………………102, 128, 142, 145, 148, 202
PO ……………………………………………………………………115
PSO ……………………………………………………………………115
Small Win ……………………………………………………………191
WBS …………………………………………………………………111, 142
Win-Win ……………………………………………………………31, 186

ア行

嵐の状態 ………………………………………………………………181
意思決定 ……………………………………………………26, 55, 179
エレベータープレゼンテーション …………………………………58
オンザジョブトレーニング …………………………………………60

索引

カ行

解散 …………………………………………………………… 181
会社の成功 …………………………………………………… 29
会社の文化 …………………………………………………… 94
外注 ……………………………………………………… 40, 47
カリキュラム ………………………………………………… 126
キックオフミーティング …………………………………… 38, 66
機能型組織 …………………………………………………… 200
規範 …………………………………………………………… 181
教訓 …………………………………………………………… 137
競争的優位性 ………………………………………………… 100
クリープ ……………………………………………………… 184
 　スコープ— …………………………………………… 184
グローバルチーム …………………………………………… 201
形成 …………………………………………………………… 181
権限委譲型 …………………………………………………… 191
顧客 ………………………………………………… 54, 174, 198
 　—の成功 ……………………………………………… 31
 　—満足 …………………………………………… 27, 132
コスト－ベネフィット分析 ………………………………… 28
コーチ型 ……………………………………………………… 191
コミュニケーション ………………………………… 54, 170
 　—計画 ………………………………………… 172, 174
 　—ツール ……………………………………………… 114
コンフリクト ………………………………………………… 78

サ行

最適化 ………………………………………………………… 30
サポート ……………………………………………………… 121
 　—型 …………………………………………………… 191
 　—役 …………………………………………………… 73

実行 ……………………………………………………………181
失敗
　―の要因 ………………………………………………51
　―プロジェクト …………………………………146, 154
指示型 …………………………………………………………191
社風 ……………………………………………………………94
シミュレーション ……………………………………………53
　―への利用 ……………………………………………112
狩猟型業務 …………………………………………………160
状況適応型リーダーシップ ………………………………189
人材育成 …………………………………………………123, 146
スケジュール作成 …………………………………………112
スコープ ………………………………32, 53, 67, 94, 145, 184
　―クリープ ……………………………………………184
ステークホルダー …………………………19, 101, 172, 192
　―マネジメント ………………………………………192
　1次的― …………………………………………………193
　2次的― …………………………………………………193
スポンサー ……………………………127, 130, 165, 175
成果物 …………………………………………………………64
センターオブエクセレンス ………………………………115
戦略的プロジェクトプラン ………………………………194
ソリューションビジネス …………………………………132, 153

タ行

ターザン ……………………………………………………124
第3のキャリアパス ………………………………………130
小さな勝利 …………………………………………………191
チームビルディング ………………………………………181
提案型受注 …………………………………………………134
デシジョンメーキング ………………………………………26

データの保存 …………………………………………114
伝統的プロジェクトマネジメント ………………87
独自性 …………………………………………………16
トップダウン ……………………………………95, 151
トップの関与 ………………………………………57
トラブルプロジェクト …………………………150, 154
トレードオフ ………………………………………25

ナ行

ナレッジマネジメント ……………………………136
日本IBM ……………………………………………149
ネゴシエーション …………………………………177
納期 ……………………………………………………52
ノウハウ ……………………………………………137

ハ行

パフォーマンス …………………………………179, 181
ビジネススキル ……………………………………185
日立システムアンドサービス …………………151
日立製作所 …………………………………………144
日立ソフト …………………………………………147
ヒューマンスキル …………………………………180
フォロワーシップ …………………………………184
不確実性 …………………………………………91, 111
複雑性 ………………………………………………18
富士通 ………………………………………………146
部門横断型 …………………………………………72
プロアクティブ ……………………………………195
プロジェクト
　―オフィス ………………………………………115
　―型組織 …………………………………………200

―管理ツール …………………………………47, 111, 138
　　―憲章 ………………………………………………44
　　―サイズ ……………………………………………88
　　―サポートオフィス ……………………………115
　　―遂行組織 ………………………………………199
　　―成功確率 ………………………………………153
　　―チャーター …………………………………44, 145
　　―のサイズ …………………………………………91
　　―の失敗 ……………………………………………24
　　―の成功 …………………………………22, 29, 64
　　―の成功確率 …………………………83, 88, 119
　　―の特徴 ……………………………………………16
　　―の評価 …………………………………………151
　　―の目的 ……………………………………………43
　　―プラン ……………………………………………67
プロジェクトマネジメント ……………………………85
　　―オフィス …………………………30, 49, 84, 115, 137
　　―スキル …………………………………………134
　　―成熟度モデル …………………………………98
　　―センターオブエクセレンス …………………115
　　伝統的― …………………………………………87
　　―の成熟度 ……………………………………135
　　―の戦略的進化 ………………………………97
　　モダン― …………………………………………87
　　―プロセス ……………………………………62, 64
プロジェクトマネジャー専門職 …………………149
プロダクトプロセス …………………………………64
プロフェッショナル …………………………………162
　　―制度 …………………………………………146
文書化 …………………………………………………43
変更管理 ………………………………………63, 187

ボトムアップ …………………………………………………………95

マ行

マトリックス型組織 ……………………………………………200
魔法の言葉 ………………………………………………………45
見積もり …………………………………………………74, 186
メンター …………………………………………………………120
モダンプロジェクトマネジメント ……………………………87
モチベーション ………………………………………66, 129, 190

ヤ行

山武 ………………………………………………………………140
有期性 ……………………………………………………………16
優先順位 …………………………………………………30, 170
要件定義 …………………………………………………39, 46
予備費 ……………………………………………………………75

ラ行

ライン業務 ………………………………………………………72
ラインマネジャー ………………………………………………176
リスク ……………………………………………………………18
　—対応コスト …………………………………………………110
　—対応策の策定 ………………………………………………105
　—の検討 ………………………………………………………43
　—の識別 ………………………………………………………105
　—の定量化 ……………………………………………………105
　—のモニタリング ……………………………………………106
　—マネジメント …………………………………63, 69, 71, 104, 195
リーダーシップ …………………………………………………188
ルーチンワーク …………………………………………………16

〈著者略歴〉

伊藤健太郎（いとう　けんたろう）

アイシンク株式会社 代表取締役。福岡生まれ。九州大学大学院（機械工学専攻）卒業後、NKK（日本鋼管）にて舶用PCエンジンの製造、環境プラントの国内・海外のプロジェクトに従事。2000年3月に退社し、同年5月にプロジェクトマネジメントに特化したサービスを行うアイシンク（株）を設立。米国 Project Management Professional (PMP)。JPMF会員、米国PMI会員。

著作として「成功するプロジェクトマネジメント」（中央経済社）、「プロジェクトマネジメント大全」（共筆、日経ＢＰ社）、「カーズナーの実践プロジェクトマネジメント」（訳、生産性出版）、連載「プロジェクトマネジメント入門」（『日経コンピュータ』2001年10月～2002年3月）などがある。

　http://www.i-think.co.jp
　e-mail: itoken@i-think.co.jp

プロジェクトはなぜ失敗するのか
知っておきたいITプロジェクト成功の鍵

2003年10月 6日　1版1刷
2003年10月31日　同2刷

著　者	伊藤 健太郎
発行者	岡村 久
発　行	日経BP社
発　売	日経BP出版センター

〒102-8622
東京都千代田区平河町2-7-6
TEL（03）3221-4640（編集）
TEL（03）3238-7200（営業）
ホームページ　http://store.nikkeibp.co.jp/
e-mail　book@nikkeibp.co.jp

装幀	黒田 喬志
イラスト	大塚 砂織
制作	クニメディア（株）
印刷・製本	図書印刷（株）

ISBN4-8222-8177-9　　　Copyright © 2003 Kentaro Ito

●本書の無断複写複製（コピー）は、特定の場合を除き、著作者・出版社の権利侵害になります。

既刊のご案内　　　　　　　　　日経BP社

■ソフト開発の現場で多くの熱い共感を呼んだ名著

ピープルウエア 第2版　〜やる気こそプロジェクト成功の鍵〜
トム・デマルコ、ティモシー・リスター著、松原友夫、山浦恒央 訳
A5判、328ページ、定価2310円（本体2200円+税5%）

■『ピープルウエア』のエッセンスを物語仕立てにまとめたユニークな一冊

デッドライン　〜ソフト開発を成功に導く101の法則〜
トム・デマルコ著、伊豆原弓 訳
A5判、320ページ、定価2310円（本体2200円+税5%）

■知識労働は楽しんでこそ成長がある！

ゆとりの法則　〜誰も書かなかったプロジェクト管理の誤解〜
トム・デマルコ著、伊豆原弓 訳
A5判、232ページ、定価2310円（本体2200円+税5%）

■SE、プログラマに読みつがれている名著『コンサルタントの秘密』の続編

コンサルタントの道具箱　〜勇気と自信がもてる16の秘密〜
G・M・ワインバーグ著、伊豆原弓 訳
A5判、264ページ、定価2310円（本体2200円+税5%）

■開発現場から生まれた切れ味鋭い金言集

ソフトウェアテスト293の鉄則
Cem Kaner、James Bach、Bret Pettichord 著、テスト技術者交流会 訳
A5判、328ページ、定価2520円（本体2400円+税5%）